CD1 | **Track 1-3**

莫札特：A 大調鋼琴奏鳴曲，作品 K. 331
W. A. Mozart: Piano Sonata in A major, K. 331

第一樂章 優雅的行板　　　　Andante grazioso
第二樂章 小步舞曲　　　　　Menuetto
第三樂章 土耳其進行曲：稍快板　Alla Turca: Allegretto

Track 4-6

普羅柯菲夫：C 大調第五號鋼琴奏鳴曲，作品 35/135
S. S Prokofiev: Piano Sonata No. 5 in C major, Op. 35/135

第一樂章 寧靜的快板　　　　Allegro tranquillo
第二樂章 小行版　　　　　　Andantino
第三樂章 接近稍快板　　　　Un poco allergretto

Track 7

莫札特：C 大調變奏曲，作品 K. 265
W. A. Mozart: Variations on "Ah! Vous dirai-je, maman", K. 265(300e)

CD2 | **Track 1-4**

普羅柯菲夫：A 大調第六號鋼琴奏鳴曲，作品 82
S. S Prokofiev: Piano Sonata No. 6 in A major, Op. 82

中庸的快板　　　　　　　　Allegro moderato
稍快板　　　　　　　　　　Allegretto
極慢，似圓舞曲　　　　　　Tempo di valzer lentissimo
生動活潑　　　　　　　　　Vivace

Track 5

普羅柯菲夫：〈少女茱麗葉〉選自《羅密歐與茱麗葉》
十首改編給鋼琴的選曲，作品 75 第 4 首
S. S Prokofiev: "Juliet as a young girl" from Ten Pieces for piano
from the ballet Romeo and Juliet, Op. 75 No. 4

Track 6-8

蕭斯塔柯維契：C 小調第一號鋼琴協奏曲，作品 35
D. Shostakovich: Piano Concerto No. 1 in C minor , Op. 35

第一樂章 稍快板 - 活潑的快板 - 中板　I. Allegretto - Allegro Vivace - Moderato
第二樂章 緩版　　　　　　II. Lento
第三樂章 中板（不間斷演奏至）第四樂章 朝氣蓬勃的快板　III. Moderato - IV. Allegro con brio

＊本曲特別感謝新西伯利亞愛樂之室內樂團（Novosibirsk Chamber orchestra）及指揮家帕黎舒克
（Alexander Polishchuk）無償授權使用

U0108370

Preface 自序 ————————————————————

看天才迸發、仰望凡間神人種種，多麼希望自己能有天賜異稟，或通曉古今、或靈感無限⋯誰想過天才心中永遠無解的謎團、誰聽過他們冷眼瞧見世人庸碌心底的感嘆？

2012 年，就像是在夏末的熱浪中突然在芬蘭灣的沁涼海水探出頭一般，一直敲不定的錄音檔期突然出現寶貴三天「氣口」，我幾乎像是逃命般地、暫時脫下手上 Franck 和 Medtner 的「手套」，在北緯六十度的藍天到早暮暗夜下，又重新披上 Mozart 與 Prokofiev 的魔法斗篷，以一部存活過第二次世界大戰的 Steinway 的蒼老音色，與天才敘舊。

雖說文字說不盡音樂，然而，少了文字解說卻怎麼都說不盡樂音、音樂家、文化和思潮的足跡；於是，在留白與絮絮叨叨之間，它變成了一冊（或許）到現在為止你所看過最長的唱片內文。
當然，還是說不完。

遙憶音樂家們的「想法」─從實際操作「譜裡行間」讀出的資訊與心得、歷史資料、從各式各樣的「說法」，得到聲音；有時靈光閃過，又會發現音符的不同姿態、不同情緒⋯是這個「練琴人生」中最大的恩澤，但也是窮盡一生很難達到永遠的極致、絕對的完美。

其實這「應該」是一張簡單的 CD：它應該要參與主流、有燈光好化妝美─但你知道這不像本人─的沙龍照、再加上氣質排版營造各種氛圍⋯但它不是。就音樂演奏而言，它也應該要是完美的，但我可以告訴大家，就像每一次的音樂會，演奏之後只有一秒鐘的開心，下一秒就又是挑剔的開始。

或者因此人類終於發明留聲記影的機器，記錄那個靈光乍現，那個現下的可接受與回顧時的不完美─不過一切都是真實，無關對錯，因為每個人面前都有一道延伸到雲深不知處的昇華的石階。

Preface 自序

在這套唱片中有兩個附錄，一是 2012 年現場演出時的 encore（返場曲）之一——雖然它不是最專業的錄音、也有數個令人頭痛的錯音，但我喜歡記憶中那個曾經飛揚在好心情中的茱麗葉，各位也會聽到當時簡短解說選擇〈少女茱麗葉〉作為 encore 的原因、以及觀眾們開心的笑聲，我特別喜歡這種心領神會的笑聲，因此與大家分享這段原本僅只屬於「現場」的記憶。

另一則是 2005 年秋天在新西伯利亞愛樂廳開季演出的蕭斯塔柯維契第一號鋼琴協奏曲，這這是我第一次在國外同時演出兩首協奏曲的錄音之一，事隔多年，終於有機會，讓這首在普羅柯菲夫遠走他鄉蘇聯樂界稍顯「平靜」、大整肅的寒氣尚未籠罩並摧毀年輕蘇聯、蕭斯塔柯維契尚能以音樂暢所欲言的真空時刻。

作曲家的決定，在作品付梓、作曲者百年之後，幾乎就是永恆的；而演奏則是一個人消化這永恆的決定後以每一分每一毫秒的決定串連成所謂的「詮釋」。我或許享受過某一階上的美景，但我也在拼命地攀上一級又一級，或許哪一天能得見雲霧裊裊中那道神光。
這是 2012 年某個時間點的一級石階。

謝謝愛樂愛文字有見解的你讀完、聽完。

Артемис Хуа Рон Ен
Artemis Yen

Preface 推薦序 ────────────────────

在我心中，華容是位對音樂、生活充滿熱情的人。在教育英才上不遺餘力、對每場演奏無不使出渾身解數、力求自我突破，更上層樓。兼顧教育與演奏家事業之餘，更樂於寫作，擅於將音樂化為文字，讓音樂更易於理解。

書中，華容用她一貫細膩的文筆，勾勒描繪她眼中躲在「可愛」、「神童」印象背後的狡詐莫札特與頂著「狂妄自大」形象但實為堅持音樂理想，不惜「逆風飛翔」的普羅柯菲夫，深刻而有條理的分析兩位音樂巨擘在曲中的機敏才思，更能聽見華容對這兩位作家經典之作的詮釋。相信在文字的輔助下，音樂的美更能深入人心。

時光荏苒，自千禧年華容初回國至今，已無數個年頭，一路見證她在音樂教育的熱忱與演奏的執著，更看見她在文字工作上的一番成就，如今她將首度出版個人 CD 書，一本集她人生到現階段的精華之作，對這樣一個里程碑僅獻上無比的祝福，更祝福她繼續邁向下一個巔峰。

陳郁秀

國立臺灣師範大學音樂系教授

財團法人白鷺鷥文教基金會董事長

前文建會主委

顏華容教授是國內年輕輩的鋼琴家中，文筆非常優異的老師。她不但勤於演奏發表，也勤於筆耕論述。每年鋼琴獨奏會時，她親自撰寫的樂曲解說不但篇幅長，更因精闢深入，獲得許多好評。此次的 CD 書出版，是華容老師針對莫札特與普羅柯菲夫兩位音樂天才的音樂及內心世界的深入剖析，透過她的細膩刻劃，我們更了解兩位音樂天才對於自我的保有及對音樂藝術的堅持，特此推薦！

劉瓊淑

國立台北教育大學音樂系教授暨副校長

前中正文化中心藝術總監

Preface 推薦序

要列舉顏華容的優點，不是太難的事情：她既聰明又好學、能夠輕易洞悉錯綜複雜的音符密碼卻又勤勞不懈，但要說出她的精采之處，卻非得循著她的足跡細細踩踏，才能窺見花園一角。

大抵說音樂，不外說人、樂曲和演奏，坊間文字大多各說各話，就算三個面向都講到了，也少有將作曲家、作品和演奏互文比對、交叉分析。顏華容用輕鬆的文字描述作曲家，但她說的不是八卦，而是作品中所映照的人生；她用色筆拆解迷宮般的樂譜，但並不賣弄艱深的術語，而是指出天才藏在五線譜中的彩蛋。沒有人能夠如她，在人、樂曲和演奏之間，穿針引線、悠遊自如，讓讀者讀到聽到真正的「天才」。

顏華容讓我們在音樂中聽到天才的人性、在樂譜中讀到天賦異稟，一種超越學術層次的深入書寫與完美詮釋。

林芳宜

奧地利國立維也納音樂暨
表演藝術大學藝術碩士

孜孜不倦且時時努力，循循善誘又教誨諄諄——在這札實有趣的 CD 書中，顏華容老師演奏並講解，既讓聽眾得以了解演奏家安排曲目的獨到設計，也可以從演奏家現身說法中，欣賞文字心得如何落實於真切演奏。莫札特和普羅柯菲夫都是不世出的大天才，卻也是最常被誤解的作曲家：「神童」並不表示就會天真到底，「叛逆」也不意味一味敲擊。刻板印象往往讓我們得到扁平化的莫札特與吵鬧不堪的普羅柯菲夫，卻忘了前者的豐富多元與後者的深刻修養。這套 CD 書是認真的嘗試與示範，希望愛樂者與習樂者都能從中得到收穫，認識真正的莫札特和普羅柯菲夫。

焦元溥

倫敦國王學院音樂學博士

Preface 推薦序

尋找機鋒中永恆的愛與美

顏華容（Artemis H. R. Yen）老師的音樂會解說向來蘊含豐富訊息量，飽受好評。此次 CD 書《天才機鋒》之出版自是喜事，也是愛樂者之福氣。在下受邀寫序，榮幸與惶恐之情兼具。

身為一位愛樂者，久聞顏老師大名，拜讀她在表演刊物、報刊發表文字，展現個人洞察力、饒富文學素養及豐富情感的行文風格，留下深刻印象。雖有共同朋友，卻因學習背景不同而緣慳一面。音樂終究將我們聚攏於一起。之後因同在《謬斯客》寫稿、在音樂會相遇交換意見逐漸熟悉，瞭解各自的音樂喜好與美感觀點，也感謝她從演奏者角度所做的分析與提點，讓在下獲益良多。

《天才機鋒》CD 書就音樂家風格、時代背景、演奏者觀感入手，導引聽眾在「聽到什麼」之後理解「如何聽」，作曲者為何「這樣寫」及其意義、演奏者為何「這樣做」，行文處處閃耀知性靈光，莊重中有諧趣，既有教育意義也顯示作者對作曲家與時代美學的深厚理解及感受力。作者在臺灣養成、在俄國鍛造的音樂背景，現在身兼教師與演奏者身分，對於演奏與詮釋俄國音樂的文化背景，是深具心得與使命感。從她對普羅柯菲夫《第六號奏鳴曲》節奏音型與演奏難點的精闢剖析，更顯示她期盼廓清愛樂者對俄羅斯＝快狠準的刻板印象的深刻用心。

世人面對莫札特、普羅柯菲夫這兩位音樂界永遠的「壞小孩」，往往無法理解他們表面「壞」的背後動機，透過顏老師的寬廣視野與細心解讀，我們將會發現在音樂中那股對現世譏諷／機鋒的背後，藏不住音樂創作者對美感極致以及永恆心嚮往之，探求追尋不懈。對音樂創作者與演奏者而言，能得心有靈犀之知音，便足矣！

任育德
《謬斯客 · 古典樂刊》主筆

Artemis Hua Rong Yen,
pianist, writer

One of the most sought-after pianists in Taiwan, Artemis H. R. Yen has attained to a unique place among the performers of her generation. With her performances being highly anticipated, program notes became collectors' items; books and essays won critical acclaims from professionals and music-lovers alike, this outgoing pianist readily brings ideas and compassion to her native soil, Taiwan.

Granted the Post-Graduate Diploma ("Aspirantura") in Piano Performance (an equivalent to adoctorate in music performing, or an Assistant Professor Certificate) from the famed Moscow State Conservatory, Russia in December 1997, Artemis Yen is the first Taiwanese citizen to be awarded such a degree from the famous conservatory. Ms. Yen studied with two of the most prominent professors, the late legendary flamboyant Prof. Evgeny V. Malinin, and the world-renown educator, Prof. Lev N. Naumov, successors to one of the finest Russian piano traditions - the faculty of the late Heinrich. G. Neuhaus. Ms. Yen also studied briefly with the outstanding pianists, Natalia Troull, C. Keene, Abbey Simon, Oxana Yablonskaya, Diane Andersen, John Perry, Robert Roux, Andrei Diev, and the beloved late T. Nikolayeva.

Born in Taiwan, Ms. Yen was nurtured in the Special Programme for The Musically Gifted under the auspices of the government from elementary through high school. She has won many prizes in local and national piano, composing, cello and writing competitions. Prof. Alexander Sung – a winner of International Johann-Sebastian-Bach Competition - was her mentor of 11 years. Ms. Yen graduated Summa Cum Laude from the National Institute of the Arts (Now Taipei National University of the Arts), Taiwan in 1993.

Ms. Yen frequently performs in Russia and other countries; her concerts have so far brought her to St. Petersburg, Moscow, Ryazan, Russia; Kiev, Ukraine, Vladikavkaz, N. Ossetian Republic, Russian Federation; Prague, Czech Republic; Paris, France; New York, Gainsville, U.S.A.

Active in research projects on music-related issues, Ms. Yen is also an author of two books and a reviewer-contributor to the *Performing Arts Review* and *MUZIK*. Ms. Yen joined the faculty of Department of Music, Shih-Chien University, Taiwan in August 2004.

Artemis'latest recording of Mozart and Pokofiev sonatas is scheduled to release in 2013.

鋼琴家 顏華容

1997 年 12 月顏華容以多項最優異成績獲俄羅斯國立莫斯科柴可夫斯基紀念音樂學院 (Moscow State Conservatory named after P. I. Tchaikovsky) 鋼琴演奏最高文憑－鋼琴演奏博士 (Исполнительская Аспирантура)，是莫斯科音樂院成立一百三十年來第一位獲頒此學位的台灣人，也見證台灣音樂班教育多項成果之一。

顏華容自幼由葉秀勤老師啟蒙，先後師事林芳瑾、卓甫見、郭長揚、彭聖錦等教授，自福星國小音樂班畢業後通過音樂資優測驗進入南門國中音樂班、成為鋼琴家宋允鵬教授之弟子，以優異成績通過資優甄試保送國立師大附中音樂班、國立藝術學院（國立台北藝術大學）音樂系。歷年獲台灣省音樂比賽各組鋼琴、作曲、大提琴獎項。1993 年以第一名由國立藝術學院畢業，旋即進入莫斯科音樂院，進入俄羅斯最重要之鋼琴學派建立者－諾豪斯教授（H. G. Neuhaus）之兩位嫡傳弟子－馬里寧（E. V. Malinin）及撓莫夫（L. N. Naumov）教授之門，濡慕於俄羅斯鋼琴傳統，受其薰陶，頗有心得。留學期間參加各國際鋼琴大賽、應邀於俄國境內及美、歐音樂節演出，皆獲好評。

顏華容的獨奏、室內樂、協奏曲演出愛樂者深切期待，每年受邀演出多場不同曲目獨奏會，尤以春、秋樂季定期於國家音樂廳暨演奏廳舉行之兼容學術與藝術特質的獨奏會總是一票難求，顏華容也經常受邀參與國內重要當代作品演出；2003 年 9 月應兩廳院之邀於首屆「獨奏家」系列演出，與聖彼得堡愛樂管絃樂團首席克利屆柯夫（L.Klychkov）多次合作演出、與中提琴之后－今井信子於 2009 國台交國際藝術節合作演出；合作過的國內外樂團包括：俄羅斯聖彼得堡 Klassika 樂團、北歐謝提共和國（N. Ossetia）愛樂交響樂團、聖彼得堡愛樂協會交響樂團、與台北世紀交響樂團、台北市交響樂團…等，2005 年應邀與俄羅斯國立新西伯利亞愛樂室內樂團合作演出樂季開季音樂會、灌錄蕭邦與蕭斯塔柯維契鋼琴協奏曲於俄羅斯發行；2012 年再赴俄灌錄獨奏專輯「天才機鋒」，預計 2013 年於台灣發行。

演奏與教學之餘，顏華容亦活躍於音樂寫作，是國內頂尖鋼琴家中，極少數兼有廣闊曲目、紮實演奏能力，以及學術與寫作聲望者；身為活躍演奏家，顏華容的教學熱誠更受學生高度仰慕與信賴，現任實踐大學音樂系專任副教授、並僅於中正高中及國立三重高中音樂班兼任教學，兼顧演奏、寫作、教學與研究之高素質。著有《心有靈犀》與《蕭泰然－浪漫台灣味》等書，受邀為國內報章、《表演藝術》、《MUZIK》、《樂覽》等專業期刊撰寫樂評及評介文章、擔任兩廳院評議暨評鑑委員、第四屆台新藝術獎觀察委員，並為兩廳院與與國內各大樂團撰寫樂曲解說、擔任導聆；擔任 2011 年國立台灣交響樂團國際青少年鋼琴營策畫暨召集人、第一屆至第五屆文建會音樂人才庫評審委員。

天才與世界的對抗

莫札特 (1756-1791)，普羅柯菲夫 (1891-1953)

為什麼天才們要來到這個庸俗的世界？

大量的庸俗人配比萬中僅一的天才，到底是為什麼呢

天才在俗世中不得不屈於肉身、壽命的限制⋯然後總是要過了幾十年、幾百年，後人才能理解其天才之一二，才會懂得緬懷、尊重。

C 大調與 A 大調，兩個總是被賦予最善良個性的調性，在生與死相距一百年的兩位天才手上，有不同的貼切與舉重若輕的機鋒。

莫札特到底可不可愛？

雖然現在莫札特的「絕世天才」、「神童」的地位已不可動搖，然而根據史料，我們可以重組出一個為了所謂的「好品味」不惜與愚昧的世人與譁眾取寵的莫札特。

莫札特的音樂聽似甜美天真，但這是二十世紀人耳中的可愛、還是戴著十八世紀假髮、撲著化妝白粉、卻洞悉宮廷宴樂強弩之末的天才真誠呢？將近三百年來，莫札特帶給音樂家們無窮盡的詮釋課題，當人們崇仰厚重、巨大壯麗時，莫札特的清麗之作就受到貶抑；當人們追求小巧可愛時，這些被批評的作品又重回檯面。

但莫札特就是莫札特，他從不在作品中詰屈聱牙，他表現自己的想法，卻也認同相當現實的目的；他懂得為貴族所可能為音樂付出的財物報酬而作，卻不打算為了出錢大爺的批評而減去幾個音。鋼琴大師布蘭德比喻得好，他認為莫札特和貝多芬是在具有冒險實驗精神的海頓，與夢遊過一生卻能寫出美麗音樂的舒伯特之間兩位最重要的「音樂建築師」，只不過技法不同、使用的材質不同。貝多芬創作如砌造巨樓，精算材料的經營苦心在一層層的分析中顯現，簡直到了錙銖必較的地

步；而莫札特則將一個個好聽的旋律泰然自若地排列、組合，我們只能驚嘆一個又一個的如同萬花筒幻化出的驚喜，卻難以解剖那自然天成的古靈精怪。無疑地，貝多芬是掀起音樂革命的巨人，但莫札特亦非安於舊規者，他的作品永遠反映著經年累月漫長的演奏旅行中所得到的音樂印象；他毫不畏懼用作品來換取應有的財富、職位，因為他總是說著自己想說的話，別人愛聽這些話，很好，不愛聽，就別聽了。

在台灣，學習音樂者幾乎都由莫札特的鋼琴曲開始接觸他的音樂，這說來並不為過，但由於在欣賞與學習中都偏廢歌劇，無論是專業或業餘者，對莫札特的印象卻僅只停留於「悅耳」、「可愛」、「優雅」的刻板印象中。

莫札特的音樂「聽來」的確悅耳、優雅，尤其在重金屬搖滾、饒舌歌、綜藝鬧劇如常態般充斥的現在，莫札特音樂的悅耳益發明顯。但音樂的悅耳與其內蘊的戲劇張力並不相悖，因莫札特能在「無歌詞」的條件下寫出具有「擬人化」作用的純音樂素材，莫札特成功地將巴洛克時期以音節、音韻、甚至音符進行方向暗藏於動機中密碼般的符號意義，更大方地抒展為僅經由聽覺便足以挑動想像力、具有敘事作用、卻非標題音樂的素材；而這些各有意義各具作用的材料甚且如此地悅耳，毫無貝多芬、布拉姆斯音樂免不了的掙扎與重量。你幾乎無法「分析」莫札特的音樂，舉凡素材內容、內涵、靈性、娛樂性、包括形式都如此地恰到好處、表象幾無「掙扎」感，就算是蕭邦或巴赫的作品還能找到「下刀」處，但莫札特的巧思就像自然萬物那般、就像清澈藍天飄來一片雲那樣無法解釋、無法分析，卻恰如其分。

調性與天才的實話實說

然而莫札特本人其實並不特別「有氣質」。

我不是在天才辭世之後說他的壞話，我們印象中天使般的孩子莫札特在舟車顛簸、疾病與不免發生的飢寒中度過童年，終究長大了，並沒能出落得器宇軒昂，營養不良的結果是身材瘦矮，生病的結果是天花在臉上留下痕跡，有人這樣描述他：「個子矮小、近視眼、急躁、好活動」在他死後，姊姊也曾經提到他的外表：「他患了天花以後，容貌完全變了！當他從義大利回來時，皮膚的色澤變黃。」莫札特的健康狀況並不佳，六歲時得過嚴重的猩紅熱，後來演變成腎臟萎縮症，八歲得扁桃腺炎，十歲患關節風濕症，十一歲感染天花，差點過世，他二十四歲得過敏性鼻炎，二十八歲因著涼患風濕症，莫札特體弱多病，但他知道只要有音樂就有生命、有生存下去的必要。

莫札特其實是有著十分的執著—甚至執拗—包括婚姻。

即便到 1780 年左右，莫札特的名氣已經響遍全歐，但忌妒他的人「當然」沒有減少，嫉妒他的人甚至經常捏造死訊、惡意中傷、非得將莫札特說得「小時了了」，已經退步為「大未必佳」的才盡江郎。說實在，這些中傷何止是「犯小人」？沒能具有莫札特那超乎常人、超越時代的智性與感性的我們，也只能想像莫札特的困境，很難實際體會天才心中真正的感受。

1782 年末，莫札特時年弱冠，對自己的創作信心滿滿，給父親的信中喋喋不休地寫道：「這幾首協奏曲是由艱苦磨練中成長終能提升的美好成績—這些協奏曲光燦、易入耳、那深藏於內的靄靄之光唯有品味超卓之士才懂得體會，雖無表面作態的絢爛，相信不諳樂理者也能體察其美。」這所謂的「幾首協奏曲」就包括編號 K.414 的 A 大調鋼琴協奏曲，為 1783 年的樂季而作，在莫札特的信中可以看到—就如同普羅柯菲夫—莫札特對於聽者的反應是經過仔細推算的，既不能犧牲自己的藝術修為、又要吸引愈多聽眾愈好，當然就要在作曲技巧與大眾接受度中求取巧妙平衡。

莫札特真的不是個美男子…上帝真的是公平的…

其實 C 大調與 D 大調才是莫札特常用的調性，在現存的十六首鋼琴奏鳴曲中有三首 D 大調、四首 C 大調、而二十六首鋼琴協奏曲中有三首 D 大調、、二十七闋交響曲中有六闋、五首小提琴協奏曲中有兩首為 D 大調，而其他編制作品更不乏 D 大調的蹤影。最主要的原因還在於樂器調律與音域的特性（或限制性）。然而，C 大調、D 大調之所以熱門，可能還是因為「方便」，因為其音域適中，在當時音域限制性較大的樂器上不會有礙難執行的問題。而 A 大調相較則因為音域與調性（三個升記號）的關係，在莫札特的作品中，這個調性似乎較為偏向「運用到絃樂器」的作品，這十分合理，因為所有的絃樂器演奏 A 大調都不困難，除此之外 A 大調也相當適合木管樂器以及尚未轉變為法國號的自然號的調性與音域，於是我們在多首交響曲、一首小提琴協奏曲、一首單簧管協奏曲、以及兩首鋼琴協奏曲中聽到這種具有悠遠、經常被暗喻為田園情懷的調性，而鋼琴奏鳴曲則只有這一首。

莫札特之天才很忙

「（克雷曼悌）愛在鋼琴上滑來滑去的就去玩吧！我寫歌劇去了！哼！」

我猜想莫札特心裡可能不只一次這樣犯嘀咕吧？

莫札特的天才在「創作」，這位能夠瞬時幻化出絕美音樂篇章的神童卻不見得是手指運動健將。相較於克雷曼悌（Muzio Clementi,1752-1832）的「神技」，莫札特的指下功夫略為遜色；雖然兩人在 1780 年奧地利皇帝前過招時，克雷曼悌很知趣地以退為進，坦然接受奧皇的「偏心」判決，自承不敵天才，但歷史也證明克萊曼悌並未因此一敗塗地，反而因為與天才過招且表現虛心認輸而博得很好的名氣（與名氣所帶來的財富）。

克雷曼悌的鋼琴作品不只是技巧較莫札特華麗，而是更貼近急遽變化的、離宮廷音樂品味愈來愈遠的大眾品味；但乘載著古往今來各種音樂傳統、涵納吸收各地風格趣味的莫札特的音樂離庸俗僵化的宮廷音樂很遠、他源源不絕的靈感卻又不是一般大眾短時間能體會的；雖說在維也納能賺會荷包飽飽，莫札特卻無法不過著奢華生活——或許這種奢華生活、《阿瑪迪斯》片中，以來打擊心中莫名的孤寂感。

莫札特的樂思影響、甚或制約了後世音樂的創作，但克雷曼悌的演奏概念、甚至克雷曼悌逃往英國之後，還成立了鋼琴廠，從樂器面影響了後世的音樂品味與演奏法。莫札特雖是當時最火紅的音樂明星之一，但他卻不一定是全歐洲最厲害的鋼琴演奏家，他曾說克萊曼悌是「那個專彈牛油一般滑溜的連續三度的義大利人，但除此之外他啥也不會！」可見莫札特對克萊曼悌演奏技巧的羨與妒，也說明了克雷曼悌對十九世紀鋼琴音樂發展的隱性影響、音樂表現的差異。由於演奏風格與理念的差異，

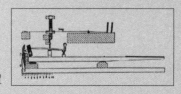

維也納式擊絃裝置

莫札特鍾情於所謂「維也納式鋼琴」─亦即使用單卡子（single-lever,single-escapement）擊絃裝置。維也納式鋼琴的骨架純為木質，每個音使用兩條絃，而且琴槌上覆蓋的是皮革，而非今日現代鋼琴所使用的羊毛氈。除了材質上的差異，維也納鋼琴那運用簡單槓桿原理所造出的擊絃裝置令琴鍵觸鍵感輕盈，不但能彈出快速的音符，鋼琴音色能靈敏地反應鋼琴家變化細微的觸鍵；因之能與管絃樂團產生相當清晰的對比音色。

克萊曼悌不但關注鋼琴的發展，精於理財的他還在英國開了鋼琴廠，這也說明了他選擇了先前說明的「英式擊弦裝置」理念。就在 1789 年，莫札特和克萊曼悌在多事的貴族們安排下在維也納奧國皇帝宮中「大對決」，轟動一時。這次比賽「沒有明顯的勝負」，識趣的克萊曼悌雖在眾人面前謙稱自己「甘拜下風」，但莫札特的早夭、克萊曼悌的成功投資、以及時代美感、音樂品味取向的轉變，使得以「英式擊絃裝置」的理念與其厚重的鋼琴聲響逐漸成為主流，尤其是英國鋼琴製造商布洛德伍德（Broadwood）在 1821 年贈獻給貝多芬的鋼琴，更具有劃時代的意義；然而莫札特的音樂、以及他所喜愛的鋼琴音色，卻也隨著時代浪潮退去。就連左手演奏的部分樂譜上也多處空空如也。莫札特只在一些不寫不可、有展技功能的樂段詳細地記譜，其他這些空空的譜則顯然因為作曲家親自演出而留白。

莫札特＝古典＝中規中矩？

到底怎麼彈莫札特的作品才好呢？

兩百年來各家各有千秋，不過這裡有一封莫札特的親筆信：

「我一直都嚴守速度…彈 Adagio（慢板）中表現 rubato（彈性速度）應嚴正保持左手的速度，但一般人大多反其道而行（讓左手跟著右手）」（莫札特 1777 年 10 月 24 日信）

這一小段話值得深思，且不可斷章取義、單面解釋。

就像普羅柯菲夫，莫札特經常將自己與「一般」的音樂人對置，他們洞察「現下」音樂品味的空洞陳腐，因此他們的音樂表現除了展現自己本有的天才與直觀之外，還有一種因能力高、能凌駕於既有的規則之上的信心，故「反其道而行」。

於是，強調「左手嚴守速度」乃是相對於當時眾多不遵守速度─或是對於「速度的恆常」沒有概念的樂手與自以為是、將源自巴洛克的自由即興風格濫用的作曲家、演奏家的反擊。

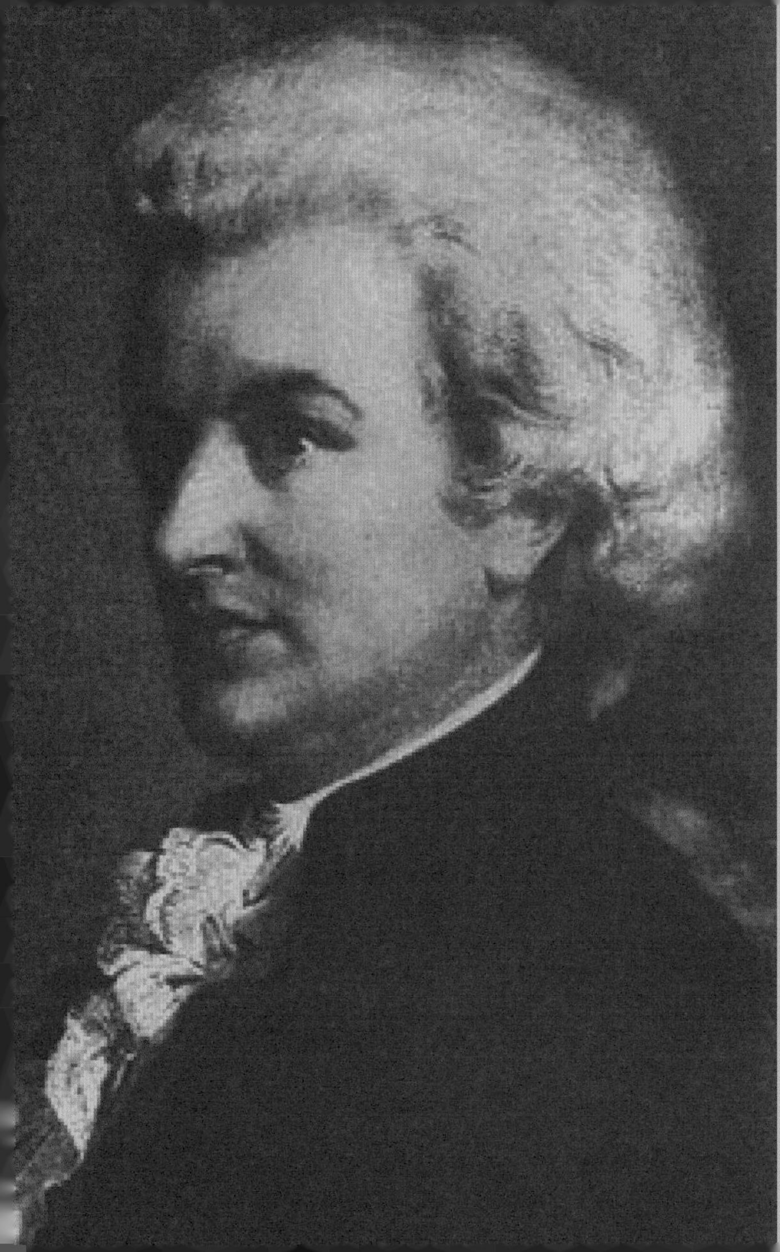

「彈 Adagio 的 rubato 應嚴正保持左手的速度」，這不就幾乎是十九世紀作曲家、評論人哈勒爵士（Sir Charles Hallé, 1819 –1895）側記的蕭邦演奏 rubato 的方法－尤其是蕭邦那令人陶醉的、自由又不失規矩的演奏馬促卡舞曲（mazurka）的方法。

鋼琴奏鳴曲與協奏曲－鋼琴家兼作曲家的發聲之「道」

莫札特一生中譜寫了十八首「登記有案」的鋼琴奏鳴曲，卻有二十六首協奏曲，除了顯而易見的規格體例與編制之外，「功用」才是影響寫作的規畫。莫札特的奏鳴曲伴隨他走過巡迴演出的慘綠歲月：1774 年，十八歲的天才帶著五首鋼琴奏鳴曲行走南德、開拓專業生涯，1777 年，難耐於薩爾茲堡封閉庸俗風氣的莫札特辭去職位，毅然再度踏上旅程，行向太陽王的國度；途中，音樂家積極打聽各地潮流、貴冑音樂喜好，「一人便能奏出有炫技、有抒情、有交響樂聲響、又有流行歌謠」的鋼琴獨奏曲，於是成為作曲家為自己與「可能的聽眾」量身打造最經濟的曲種，更不要說隨時可以獻給貴族小女生的優美慢板樂章啊！

莫札特奏鳴曲全面復活於現代鋼琴獨奏舞台之前之眾人愛曲－ A 大調奏鳴曲

鋼琴巨擘布蘭德爾（Alfred Brendel）說過，許多鋼琴家能演奏氣勢磅礡或例如斯特勞斯圓舞曲的改編曲那樣複雜無比的炫技作品，卻不見得能彈好莫札特－我的恩師宋允鵬教授奉之為不可侵犯的偶像，二十世紀鋼琴巨匠阿勞（Claudio Arrau, 1903-1991）曲目寬廣，尤以演奏李斯特聞名，卻到了晚年才錄製全套莫札特鋼琴奏鳴曲。然而，赫佐夫斯基（Mieczys aw Horszowski, 1892–1993）於 1960 年首度在紐約演奏全套莫札特鋼琴奏鳴曲之前，莫札特的鋼琴奏鳴曲已經被鋼琴獨奏家們遺忘了好一段時間，在此之前，K. 331 似乎是「比較受歡迎」的莫札特奏鳴曲，而且第二樂章往往被減省，只餘下對比性相當高、又能表現手指技巧的第一與第三樂章〈土耳其進行曲〉。這也是二十世紀初的鋼琴名家們，包括那位認為擠牛奶是很好的手指練習的怪人帕赫曼（Vladimir dePachmann, 1848-1933）、名聲大到成為第一任波蘭總統的帕德列夫斯基（Ignacy Jan Paderewski,1860-9141）、李斯特的徒子徒孫們－羅森塔（Moriz Rosenthal, 1862 - 1946）、掃爾（Emil von Sauer1862–1942）等人在莫札特十八首鋼琴奏鳴曲中也「只彈」這一首；一

直到同樣是能夠炫技的鋼琴大師們，例如沛特利（Egon Petri, 1881-1962）、早期的莫札特權威，女鋼琴家海絲（Myra Hess,1890-1965）、紀瑟金（Walter Gieseking, 1895-1956）才又多加了幾首大家較為熟悉的大調奏鳴曲；第二次世界大戰之後，很勤勞地彈莫札特奏鳴曲的，可能只有費雪（Edwin Fischer, 1886-1960）。或許聽來「平和」的巧妙變革，是天才在平庸世界中畫下的自保結界吧？這首 A 大調奏鳴曲，作品 K. 331 就是莫札特與益發令人難耐的閉鎖薩爾茲堡決裂後，以優雅到了令人聽出那麼一點傲氣的創作新路徑之一。

1780 年莫札特與薩爾茲堡大主教科羅瑞多（Prince-Archbishop Colloredo）正式決裂，跑到維也納去開展所謂「自由藝術家」的生涯；這時莫札特在音樂上與人生上的確都在追求真正的獨立－不管這種獨立要付出多大的代價、或者在世俗觀點中是否明智。

在音樂生涯發展上，1782 年到 1785 年的確是莫札特在維也納聲名鵲起之時：他題贈給海頓的六闋弦樂四重奏作品獲得前輩大加讚許，也積極地以鋼琴協奏曲作曲家兼演奏者活躍於樂壇、獲得豐厚酬勞。新婚燕爾的莫札特想必是感到「我終於轉大人」了吧？莫札特與違背父意迎娶來的康斯坦采（Constanze Weber）過著優渥的生活，位居市中心、有七個房間的住處不可謂不豪華；支撐這樣生活的大編制委託創作曲佐證莫札特逐漸經濟獨立，不過也意味著鋼琴協奏曲在功能性、音樂美感需求取代鋼琴奏鳴曲；我們甚至可以大膽推測，若非貝多芬將鋼琴奏鳴曲視為交響曲與室內樂曲的鋼琴聲響版，鋼琴奏鳴曲或許早在舒曼大膽發言之前就行將就木了。

330、331、332 三首的「進步」

這首被編列為 K.331 的 A 大調奏鳴曲的創作年代仍舊無定論，大部分的音樂學者同意這首應該屬於 1781 之後的作品，但沒有人敢確定這是在薩爾茲堡或是移居維也納之後才譜寫。為什麼這麼計較呢？倒不是因為我是個大學老師才斤斤計較創作年代，而是因為莫札特以快筆著稱，其他作曲家寫一年半載才完成一首作品並不奇怪，但莫札特寫首鋼琴奏鳴曲？恐怕半天的時間都算多！

K.331 屬於 K330-332 這套「與前期奏鳴曲設計截然不同」的三連發鋼琴奏鳴曲。K.331 的有趣之處在於，這首奏鳴曲是「習慣上不太挑戰既有形式，而將主力放在內容的改變」的莫札特首次將變奏曲用於奏鳴曲第一樂章。在經常沿用奏鳴曲式與奏鳴曲形式的作品中，莫札特總是遵循一般習慣，沿用快－慢－快的模式：於第一樂章採用行之有年的、具有「至少兩個個性與調性相異主題」奏鳴曲式（sonata-allegro form），第二樂章來個好聽的「類詠嘆調」討好喜歡義大利歌劇的耳朵、或塞進崇尚啟蒙運動的德語系有識之士偏好的「易感風格」（Empfindsamer Stil），第三樂章來個超可愛、超興奮（a. k. a 超好寫，就算沒寫也能當場即興編出來）的輪旋曲，讓已經坐不住的聽眾知道「啊～很快就可以結束去找公主小姐們聊天了，稍微忍耐一下！」

然而莫札特卻決定拿變奏曲－像是單細胞分裂般的曲式，作為唯一一首 A 大調奏鳴曲的第一樂章，並且還使用「單一調種」（homotonal）：第一樂章 A 大調、第二樂章還是 A 大調、而 A 小調開始的第三樂章則以皮卡地終止（Tierce de Picardie）終結於燦爛 A 大調，顛覆了奏鳴曲形式與奏鳴曲式中似乎已形同「必然」的「下屬調－主調－屬調」的上下五度圈關係。

這毋寧是莫札特在樂曲調性選擇上相當明顯的「實驗性」。其實「老大師」（Old master）海頓比莫札特更勇於嘗試，「同調種」這樣的小招數在海頓的奏鳴曲中早已出現。海頓以較為「崎嶇」甚至乖張的轉調手法增加單一調種奏鳴曲的對比美感；而莫札特則將對比美感形諸於樂章之間，到了貝多芬的手中，對於調性之於形式中的意義與作用的試驗、挑戰，就更加大膽到了肆無忌憚的地步了。

另外一個與先前奏鳴曲迥異處，在於樂章間的共通性與全曲整體感。

老實說，如果我將 K.310 之前同調性的奏鳴曲的第二、第三樂章偷偷調換，甚至把某些海頓奏鳴曲的第二樂章偷偷拿來塞在莫札特的奏鳴曲中，很有可能能蒙混過關；但這招對貝多芬的奏鳴曲就很難奏效了。原因就在於奏鳴曲的「整體感」（wholeness）

在莫札特、海頓成熟的交響曲、室內樂作品中，樂章間的動機往往有奇妙的呼應，但是鋼琴奏鳴曲卻較直白；並不是他們不重視鋼琴奏鳴曲，反倒是因為這是較為「個人的」，較「私人」的作品，甚或是當作大編制作品的草稿、實驗所致。尤其是莫札特這種旋律信手拈來即成曲的天才，他只考慮這時候「需要」用什麼樣的風格、素材來吸引耳朵，而不擔心這個主題是不是寫不下去。

不過我們在 K. 330、K. 331、K. 332 都可以找到更加縝密的「樂章間的連貫性」，這個連貫性表現於「動機的統合性」。如以下兩個譜例可以看出莫札特除了原有的似乎毫不費吹灰之力就能在主題就將調性確立、並表達調「性」之外，不避諱使用聽來「太簡單」的分解三和絃的莫札特也開始在鋼琴奏鳴曲各樂章之間的「聯結感」著墨；不再出現像是巡迴演奏時期那種為了適應不同地區的品味，而導致各個樂章雖然好聽、卻不見得互有強烈關聯性的情形。

這不單單是作曲家的事情、不單單是「作曲技巧」的開發；而關乎於欣賞者如何認識作曲家與演繹者的「用心」，如何體會藝術作品的巧妙。

改變與平衡

這首 A 大調奏鳴曲有創舉、也保持了協調度，第二樂章就是個例子；雖然第一樂章就是優雅的中板，嚴格說來是搶走了第二樂章可能可以使用的中慢速度性格，沒想到，莫札特還是在第二樂章寫了一個小步舞曲，並且在小步舞曲的中段（trio）塞進第一樂章已經出現過的雙手交叉演奏，猶如歌劇中二重唱中高低音域雙人對唱的旋律；由此也可看出 K.284 之後就成為鋼琴奏鳴曲必然的「交響曲縮小版」的特點在此已經更加複雜化，不僅是用鋼琴模仿大編制作品的聲響，而成為正式的鋼琴語法了。

莫札特另一妙筆，就是涵納已然成為歐洲權力重心都會之一的維也納方能見到的土耳其傭兵帶來的行進軍容及軍樂。在十八世紀政權更迭詭譎的時代，位處奧地利心臟地帶的維也納在長期掌控奧國王室的哈布斯堡－洛林家族（Habsburg-Lothringen）兼任神聖羅馬帝國皇帝的政治資源灌溉下，匯聚了來自各地的使節、軍團，自然也匯聚了各種聲響，其中那「大剌剌」的敲擊樂器聲響，或許為總是聽聞「客氣」的宴樂的貴族們增添了「異國情調」與「放肆」的理由吧？這樣的聲響不但早就出現於葛路克（Christoph Willibald Ritter von Gluck）的作品中，在海頓的第一百號交響曲、莫札特的交響樂中也出現；其實在十八、十九世紀交替時不少古式鋼琴還真的帶有「特殊裝備」─將敲擊樂器附加在鋼琴上、或用一個特殊的踏板控制；無怪乎除了這首 A 大調奏鳴曲的末樂章之外，連貝多芬也在 1811 年的《雅典遺跡》（Die Ruinen von Athen）劇樂中譜下一首「土耳其風進行曲」，成為數百年來無人不知無人不曉的「古典金曲」！

莫札特 C 大調鋼琴奏鳴曲，K. 330 的第一樂章與第二樂章主題有相當相似的「重複的屬音」主題

莫札特 F 大調鋼琴奏鳴曲，K. 332 的第一樂章、第二樂章、第三樂章主題都由清楚的主三和絃構織

Originale di A. Mozart

所謂的小星星變奏曲

十八世紀末另一首古典金曲，非所謂的「小星星」莫屬了！

在文宣上完全不寫出「小星星變奏曲」的用意，就是不想繼續「加害」莫札特；就像貝多芬的「月光」奏鳴曲、蕭邦的「告別」、「革命」、「雨滴」一樣，這些令人困（ㄊㄠˇ）擾（ㄧㄢˋ）的「外加名稱」卻往往凌駕於原曲，甚至變成穿鑿附會用的材料。

由此可證天才是生來給俗人蹂躪的…（唉！）

這個變奏曲膾炙人口，但它也要為「莫札特 = 可愛」這個刻板印象負一點責任；它正確而完整的名稱應為「依法國歌謠《啊！媽媽請聽我說》為主題的 C 大調十二個變奏，作品編號 K.265/300e」（12 Variationen über ein französisches Lied "Ah, vous dirai-je, maman"），長久以來因為這個變奏曲在手法及形式上相當「古典」，也因為 1778 年 4 月到 11 月莫札特正好在巴黎逗留，以往因為莫札特總是會考慮「聽眾的接受度」與樂曲的受歡迎程度、或是受贈者，而選用較為「討好」的題材，而被推測是 1778 年的作品。因此假設，該作品的編號在 Kochel 編號更訂時，由 K. 265 變更為 K. 300e。

不過音樂學家普拉特（Wolfgang Plath）在 1970 年代撰寫的莫札特手稿分析卻指出，該曲的實際創作時間應該是 1781-1782。由於資料不足、此曲的創作手法也無法明白提供強烈的佐證可供考據，目前此曲創作時間仍未能有定論。不過資料倒是指出本變奏曲在 1785 年發表於維也納。

如此一來，這首變奏曲與《哈弗納》交響曲屬同一創作時期。

多工作業的天才

聰明小孩常常會讓「正常人」覺得他們不專心、或無法只做一件事情。

1781 年莫札特告別故鄉薩爾茲堡，出走維也納，到大城市開創自己另一片天。1780 年他先到慕尼黑去寫他的歌劇《伊多美尼歐》（Idomeneo），再取道維也納回薩爾茲堡。此舉惹惱了老闆柯羅瑞多伯爵，莫札特自行於是年春天呈上辭職書求去，柯羅瑞多氣得真的命令一名侍從將莫札特「踢」出去。

莫札特剛到維也納時寄居於在曼海姆（Mannheim）時結識、爾後遷居維也納的韋伯（Weber）一家。雖然莫札特不久之後便找到住處，他還是三天兩頭往韋伯家跑；上演著珍‧奧斯汀（J. Austin）書中典型的劇情：莫札特心儀韋伯家四千金中的次女阿柳夏（Aloysia），然此情並無結果；現在莫札特則把焦點轉向可能是音樂史上被罵得最慘的音樂家妻子之一，韋伯家的三女康斯坦采（Constanze）。莫札特迫不及待地以結婚宣布自己已經獨立、成年，里歐波德則對媳婦人選不以為然，不甘不願地去了一封沒有什麼喜氣的同意信。

莫札特與康斯坦采大概覺得，老爸既然不能親自來道賀只是寫一封可能還是教訓多於鼓勵祝賀的信，那根本沒什麼好等的啊！所以就速戰速決，快快舉行婚禮。

這時，與莫札特很友好的哈弗納（Haffner）家的小希格蒙德‧哈弗納（Sigmund Haffner the younger）於 1782 年晉升爵位，莫札特爸爸里歐波德很高興地寫信告訴莫札特，提醒兒子應該寫一首交響曲向朋友祝賀。但這時莫札特忙得要命，一方面背著老爸籌備婚禮，一方面歌劇《後宮誘逃》（Die Entführung aus dem Serail）在維也納的首演甫獲成功，各方請託他將幾首轟動的歌劇選曲編成管樂重奏曲；迫於工作壓力與父親要求、好友之義，莫札特只得婉轉向父親解釋，也答應必定盡速完成慶賀之樂。果然，一星期後莫札特寄出《哈弗納》交響曲的第一樂章，剛好來得及在典禮上獻演；其他的樂章與一首進行曲亦不日完成。

莫札特好奸詐

一星期怎麼寫出交響曲的一個樂章呢？ 1782 年底，莫札特想起某交響曲只在（相當封閉的）薩爾茲堡演出過，便請父親將手稿寄回，改寫一番變成《哈弗納》；其實這種「新瓶裝舊酒」，或「他瓶裝新酒」改編、以別人的曲子作為主題或是靈感來源的風氣由來已久，當時甚至認為「被剽竊抄襲」是另一種「名氣」，好聽的旋律應該一作再作，沒有什麼「剽竊」的問題；莫札特對新瓶裝舊酒成果相當滿意，得意忘形地寫信給父親：「這個新的《哈弗納》交響曲令我滿心驚喜，我現在根本一個音也想不起來，可見這個效果有多好！」

另外還要拿一則關於《唐·喬凡尼》序曲的典故來看莫札特怎麼在自身的天才與世人的庸俗中求生存。

莫札特僅在開演前一夜才完成序曲。那天晚上莫札特跟好友們廝混，有人說：「你的新歌劇不是明天就要上演了嗎？那序曲還不見蹤影啊？」莫札特立刻假裝一副好像很惶恐的樣子，退回房間去拿紙、筆、墨水出來開始振筆疾書；時至夜半，只要莫札特開始打瞌睡，妻子康斯坦采便開始說故事提振精神，據說莫札特大概寫了三個多小時就完成了序曲。但是寫完總譜還不算完成，抄譜人得一份一份地將分譜從總譜中「生」出來；翌日晚間，就在莫札特已經對著滿堂喝采觀眾敬禮時，這些墨水未乾的分譜才十萬火急地送進劇院，幸而在「樂團視譜」的情形下，首演安然開始。

莫札特敢這麼做，並非僅因他個性使然；事實上，波西米亞地區是十八世紀歐洲樂手的「出產地」，這些樂手幾乎都來自承襲父祖衣缽、代代相傳的音樂世家；莫札特早先在旅行演奏中深刻地體認到海頓之所以能夠在交響樂與室內樂上卓然有成、儼然曼海姆（Mannheim）樂派的精神領袖，就是因為他手下有足夠的高手。另外，這也不啻為一種宣傳花招，事實上，莫札特當然知道歌劇序曲有什麼功能、可以使用什麼樣的材料，自小就行走江湖的他更深諳抓緊群眾的心的箇中道理，他在朋友面前擺出惶恐的姿態，徹夜振筆疾書，這樣的傳言必然在演出當日成為頭條新聞、大街小巷奔相走告的號外；再者，他壓著這打響歌劇第一砲的創意在腦海中絕不事先透露，也免得抄譜者將歌劇最後一點令人驚奇的材料走漏風聲；這不是專業操作嗎？

這樣還不奸詐嗎？

創意勝於雄辯

所以我們怎能知道這個 C 大調變奏曲到底是什麼時候寫的、為何或是為誰而寫？

或者，這已經不再重要。

雖然作曲時間未能有定論，若說這個曲子算是地表上最著名的鋼琴曲之一，應該沒有人會反對；而且如果要舉出能夠代表「C 大調」的調性的作品，這個變奏曲也一定會入選的。在截至今日的維基百科中文版中有一段很好笑的敘述，想來是過於認真的網友補上的：「原譜中僅有變奏 11 和 12 有節奏指示，分別為柔板（Adagio）和快板（Allegro）」。

為什麼好笑呢？

因為這不能這樣解釋，第一這是「速度」標示，第二這不是「其他變奏沒有速度標示」，只有變奏十一和十二有，而是因為這就是「古典變奏曲」本來就有的形式步驟：「原則上」除非主題是特別慢的詠嘆調（aria）並且第一變奏有明顯的活潑節奏，否則第一變奏之後沿用主題的速度，直到以下兩種情形：小調變奏，或標示有 Adagio、Andante…等慢速指示，才會有「樂曲進行的速率步伐」上的改變趣味；有時候長一點的變奏會兼有小調變奏與慢速變奏，這樣的變奏曲寫作概念一直延續到二十世紀，甚至在同樣膾炙人口的拉赫瑪尼諾夫《帕格尼尼主題狂想曲》都還存在。

這個變奏曲也是我們上曲式學時最好用的變奏曲範例作品，因為在第一到第四變奏可以明顯看到莫札特如何使用同樣的節奏音形在高音與低音聲部形成「對稱」與「對話」之美，到第五變奏時這個「對話」則是「內在」的，存於高音與低音聲部的同動機對稱，像兩隻可愛的小鳥啾啾叫著；接著十六分音符重回，這時候聲部間的對話不再是第五變奏的短動機，而是長樂段的聲部交替，如果我們想像一下用有著較小的琴槌、但琴橋尚未獨立，每個音色更響亮、但不若現代鋼琴厚重的古式鋼琴來演奏，這個變奏必然更加清亮、熱切。接下去的第八變奏，就是方才所說的古典變奏曲中甚為重要的對比美的來源，一個「相對」的、同調種但相反性格的小調變奏，也因其莊嚴的寫作，雖然沒有明顯的速度標示（因為當代的人都知道這樣材質的音型、又是小調絕不會是快的，只有沒文化的現代人才會呆呆地覺得「反正莫札特又沒叫我慢」而隨便彈）。在動用了五度卡農巧妙地喚回主題卻又不顯過於呆板的第九變奏之後，第十變奏又使用了雙手交叉的「炫技」表現－這也是選用這個作品來呼應 K. 331 的雙手交叉演奏寫作的原因。

第十一變奏才出現的真正慢板不但使用了第九變奏就用了的卡農，也不再拘泥於全曲同一音型，而在第二段寫出像是歌劇詠嘆調一般的優美旋律，也因此，最後一個變奏－第十二變奏－就更顯豐厚而「不需要很快就顯得很澎湃」，莫札特不但將原本的 2 拍子改為 3 拍子，還用了相當多能夠令人覺得相當厲害、暗示要結束了的「上下聲部皆為十六分音符」的音型寫作，可說是舉重若輕的聰明之作。

C 大調真的很無辜嗎？世界上最美的不協和音－天才們

鋼琴大師布蘭德爾寫道：「莫札特絕非『嬉皮』」（註：原文中不是 "hippie"，布蘭德爾用了一個很貼切的字 "flower child" －在腰間頸上掛著花圈，高唱愛與和平的夢想者）。

的確，正因為莫札特的音樂極為悅耳、足以令人忘卻塵世紛擾，並不表示莫札特不聞疾苦、文弱偏安。一位「膽敢」將一首 3/4 拍子舞曲硬塞進 2/2 拍子快速炫技的輪旋曲的二十一歲作曲家當然一點也不軟弱；他的旋律優美、和聲變化恰如其分、節奏動機饒富深意，即便是兩個音的動機，我們都得加以分析拆解才能參透這到底是挑釁、慨歎、快樂、甚或輕佻，更何況是調性個性呢？

那麼歐洲「註冊有名」轟動武林、驚動萬教的普羅柯菲夫又怎麼看待在莫札特手下或親和可人、無辜嬌嫩、或典雅氣派、溫文儒雅、近乎從心所欲而不「明顯」逾矩的；而在貝多芬手中總是被賦予燦爛進取的 allegro con brio 個性的 C 大調呢？

普羅柯菲夫使用的調性琳瑯滿目，但仔細研讀可發現，即便「調性」不是 C 大調，「Do」這個音也時時刻刻迴盪在每個可能之所。讓普羅柯菲夫在美國歐洲一戰成名、一舉惹惱所有浪漫傳統的捍衛者的 C 大調第三號鋼琴協奏曲，一開始就顛覆最重要的主音 Do，讓它好像是倒立一般，總是被安排在弱拍、在節奏上拿不到最重要的位置，還常常被安在奇怪的和聲中間；普羅柯菲夫一生最得意的記憶－在音樂院眾耆老意料之外順利演出並為他得到金獎的降 D 大調第一號鋼琴協奏曲，有個聽起來簡直就是徹爾尼手指練習的、由低音域上行嘰嘰喳喳開開心心像乖乖練習徹爾尼練習曲的好學生 C 大調副題──不過這個好學生主題旋即變得猖狂嘈雜。普羅柯菲夫最鍾愛的芭蕾舞劇《羅密歐與茱麗葉》代表少女茱麗葉在閨房中小鹿亂撞的活潑主題就是 C 大調，但這個完全以 C 大調音階構織成的主題又在其上下大小三度的調性之間亂跳，不必多加解說就能令人感受到那種活潑與憧憬。

暫且跳開這兩位天才，看看另一位天才，德布西。

德布西的十二首練習曲不但是他最成熟的鋼琴獨奏作品、也在二十世紀鋼琴作品中佔有不可取代地位者；這十二首彷彿悠然站在塞納河畔冷眼看著長久以來統御鋼琴家養成訓練、以徹爾尼為代表的德國練習曲們的練習曲，或在指法更加刁鑽、或在鋼琴聲響美感上大大躍進－－無論如何，就是斷然與浪漫傳統分道揚鑣，並且還刻意在第一首揶揄徹爾尼的「典型」手指練習，在這最協和的調性裡塞進令人惱火的不協和音，大開玩笑，有時令人捧腹莞爾，有時令人不禁為調性捏一把冷汗。

普羅柯菲夫不時訕笑，卻揮之不去的古典主義

普羅柯菲夫的自傳中收錄了十四歲的普羅柯菲夫寫給父親的一封信，信中提及一場管絃樂演出「實在是超乎想像地無聊，他們演奏又臭又長的某個莫札特的曲子」。就讀聖彼得堡音樂院期間，普羅柯菲夫對自己那傳承卓越的雷謝替茨基傳統的鋼琴老師歐西波娃堅守的古典鋼琴訓練傳統相當不耐煩，常牢騷「那老太太老是給我彈莫札特、蕭邦這類娘娘腔的曲子」，然而卻不乏將普羅柯菲夫的第一號 D 大調交響曲與莫札特、以及莫札特所代表象徵的古典風格相提並論者。

普羅柯菲夫的第一號 D 大調交響曲雖由作曲家親自標上「古典」，但並不表示普氏有意與莫札特扯上關係，其實該曲乃明顯針對海頓的《倫敦》交響曲的嘲諷（parody），但這種推論偏差卻反證人們多麼急切地引用「莫札特」作為「古典風格」定義的象徵；或許，大張背離溫雅節制旗幟、本就有研究他人缺點的習性的普羅柯菲夫在「音」裡「聲」間還是默默地「偷師」莫札特。

奏鳴曲的重量與傳承

奏鳴曲之於器樂獨奏與二重奏作品，猶如音準之於絃樂演奏家、彈音階之於鋼琴家一般；雖非唯一致勝關鍵，卻是不可或缺之準繩。

蕭邦的三闋奏鳴曲都有著明顯的奏鳴曲形式（sonata-form）藍圖－從樂章數量、樂章性格的設定…都存在古典時期傳統的「變革」，而非「變貌」。簡言之，在蕭邦瑰麗的繁音之美中能清楚窺見海頓、莫札特的音樂格式與內涵傳承。

奏鳴曲是一種多樂章的樂曲形式，這些篇章之所以成為「一體」，必須依存於某種特殊的關係，歸納美學原則，這些關係不外是「對比」與「對稱」，「相異」與「相似」。正如其他所有的藝術形式一樣在古典前期慢慢底定下來的奏鳴曲式（Sonata form）與奏鳴曲形式（Sonata-form）因為時間的演變，在藝術思潮中受到質疑與挑戰，說穿了就是一個被經常挑戰、修改、在堅持傳統與前衛改革派兩種陣營中不停被攻擊、毀壞、捍衛、保存的一種藝術裡的遊戲規則。

試想，作曲家堅持使用同一個形式來創作，到底是為了什麼？純粹使用這個形式？進一步想，作曲家堅持使用同一個形式在一個樂器上創作，又是為了什麼？

音樂史話告訴我們，諸如舒曼、李斯特、布拉姆斯、拉赫瑪尼諾夫、普羅柯菲夫、斯特拉汶斯基、乃至被喻為「世上最難的鋼琴曲之一」的卡特（E. Carter）的鋼琴奏鳴曲在他們眾多的、編制各異的作品中有多麼重要的意義；布拉姆斯與普羅柯菲夫首闋出版（不同於生平第一個作品）的作品都是鋼琴奏鳴曲，好似打算以這個自己最熟悉擅長的樂器來建立作曲家的地位──作曲家第一首獨奏樂器奏鳴曲若不成功，或者走上作曲專業的想法值得商榷了。

一般人常將莫札特與音樂中的古典主義（classicism）畫上等號，這多少有點偏頗，莫札特從小旅行演奏歐洲各地，接觸、吸收新舊音樂，在他的作品中我們會聽到巴洛克時期音樂的影響、他將巴洛克到洛可可時期流行的嘉蘭特（Gallant）風格發揮得淋漓盡致、兼有自義大利時期耳濡目染的明暢戲劇性。

巴洛克時期到古典時期並不是像過新年，放煙火除夕倒數、隔天張開眼睛來古典時期就開始了；而是由當時流行的音樂創作趨勢與潮流歸納出來。古典時期音樂與巴洛克時期音樂最大的不同點在於規模，巴洛克時期已有多篇章的器樂曲，例如組曲，而歌劇也早就發展蓬勃，但是不但樂團的編制不大，樂曲的篇幅也小。

莫札特一向不以作品或技法隆重宣示其對「形式」（form）的態度，他的作曲習慣可說是「多工」（multi-tasking）作業，就像學生一面寫博士論文、一邊瀏覽網站、還上 MSN 跟同學打屁…例如正在寫交響曲三部曲以便抵抗生命與事業低潮、另尋出路的他，可能一面譜寫大交響曲、一面也休閒娛樂一下，寫寫小提琴小奏鳴曲、兩闋鋼琴三重奏、以及那首無人不知無人不曉的 C 大調鋼琴奏鳴曲。

但十四天之內他就寫完交響曲三部曲。這多少要歸功於我們好像知道又好像不知道、一知半解的古典樂派的形式。

在這個時代音樂家尚無「為藝術而藝術」的瀟灑自由度，即便是世人公認的天才也無法不食人間煙火，莫札特跟薩爾茲堡的老闆鬧翻了以後，就得仰賴委託創作以及教學維持收入。說到這裡請別誤會莫札特很窮，他賺的錢不少，只是右手進左手出，莫札特太太也沒有什麼維持家計的智慧，如此一來，莫札特就必須維持豐沛的作品產量、良好的人脈與合作關係－這包括了音樂會經紀掮客與劇作家、歌唱家、樂團經理人、樂團演奏家…以及這些人的朋友、家人…但在這其中，莫札特也不願意犧牲自己的音樂才能媚俗求生，幸而莫札特對於「形式」的通透覺知，令其靈感有處可去，而且作品多在當時就能成功，不必像貝多芬發脾氣、白遼士吸鴉片、或是拉赫瑪尼諾夫為憂鬱症所困。

莫札特的方法就是－永遠比流行的形式更早一步成為經典。剛剛提到的所謂「古典交響曲」當然不是莫札特發明的，曲式學不是用以讓你能夠創作，而是讓你能夠通達前人的嘗試與成就，是蒐集、比對、分析、歸納的研究。莫札特那個時代沒有音樂院，他的音樂知識與技巧除了自己的天份加上父親的基礎教育之外，就是旅行演奏中的觀摩體察，這是現代資優教育學者與主張在家學習的教育工作者非常有興趣的一點。

幼年即行遍歐洲的莫札特從未踏上俄羅斯，俄羅斯音樂史中卻處處可見莫札特的影響，小至引用莫札特主題寫成的鋼琴變奏曲，乃至大篇幅的交響曲、歌劇；從咸認為俄羅斯音樂之父的葛令卡到二十世紀自許承繼蕭斯塔科維契之使命的許尼特克都曾擷取莫札特為靈感，連普羅柯菲夫都不免對莫札特大發牢騷。

或許就因為「距離」、因為「遺憾」而增加了想像空間、增加了魂牽夢縈；不論德奧名家如何針砭，莫札特的鋼琴作品仍是俄羅斯鋼琴訓練不可誤失的一環，莫札特的歌劇、交響曲滋養一代又一代的指揮家與管絃樂手，也深刻地影響俄羅斯戲劇發展。

莫札特作品的編制琳瑯滿目、長短大小不一而足、莊諧哀喜皆有，僅歌劇一類就能同時影響音樂藝術範疇幾乎所有的專業領域，故當下凡遵循歐洲古典音樂教育體制的課程幾乎完全不可能略過莫札特。在俄羅斯的國民教育中，音樂、文學與歷史學足輕重，這三項教化人民最不著痕跡，還能營造國民氣質。俄羅斯與西歐主流國家的政治對等交流伊始於十七世紀末，皇室強勢主導藝術品味的結果，將義大利歌劇音樂著床於數世紀以來唯歌樂獨尊的俄羅斯東正教社會，十八世紀多金的俄羅斯貴族穿梭於西歐各大都城，莫札特之名也隨歌劇上演遠播北國。莫札特不滿十歲即以神童之姿行遍歐洲，孩提時期他自然而然地汲取旅途中聽聞的各地音樂資材作為即興演奏的靈感，成年之後仍旅行各地，莫札特的音樂繼之影響各地樂人，可惜的是，莫札特與俄羅斯緣慳一面，若莫札特果真獲聘為沙皇宮廷樂長，則音樂史也許要大幅改寫。

世界上最美的不協和音－天才們

我真的覺得天才們很像是 C 大調，他們有著最大總合的聰明與創意，卻又是人間的不協和音；他們無法乖乖地苟活著，因為天生、內在的驅力讓他們不得不「注意」、「察覺」一般人忽視的細節、看不見的原理；在這些美妙的細節與原理中，他們竟造福了芸芸眾生，卻不見得能有舒服的一生。美國電影鬼才伍迪‧艾倫在電影《曼哈頓》（Manhattan, 1979）裡提到，《丘比特》交響曲的第二樂章說明了人生雖苦卻值得苟活的原因[1]。但是 1984 年的《阿瑪迪斯》卻將莫札特描繪為有點玩世不恭的天才。

---

1 伍迪自編自導自演他在電影中的角色 Isaac Davis 的台詞如下：「有何值得一活？這問題真不錯，我想想…一定有些什麼是值得的…像是…嗯…好吧…以我自己來說，舉個例子…好比（諧星）Groucho Marx…還有（棒球明星）Willie Mays…還有莫札特《丘比特》交響曲的第二樂章…路易斯．阿姆斯壯最好的專輯 Potato Head Blues、還有瑞典電影－這指的當然是福樓拜的《情感教育》囉…馬龍白蘭度、法蘭克辛納屈、還有塞尚那些棒得不得了的蘋果和梨子（筆者按：指塞尚的靜物畫）…Sam Wo 的螃蟹…呃…還有崔西（筆者按：女主角之一，瑪莉，海明威飾演的十七歲女孩）的臉」（Why is life worth living? It's a very good question. Um... Well, There are certain things I guess that make it worthwhile. uh... Like what... okay... um... For me, uh... ooh... I would say... what, Groucho Marx, to name one thing... uh... um... and Wilie Mays... and um... the 2nd movement of the Jupiter Symphony... and um... Louis Armstrong, recording of Potato Head Blues... um... Swedish movies, naturally... Sentimental Education by Flaubert... uh... Marlon Brando, Frank Sinatra... um... those incredible Apples and Pears by Cezanne... uh... the crabs at Sam Wo's... uh... Tracy's face...)

約莫五歲的普羅柯菲夫

現實生活中的莫札特卻真的必須背負天才兒童長大的壓力。在父親的安排下，莫札特的專業生涯看似有虐待兒童之嫌，就人脈網絡來說，其實父親真的投注很多心血，在檯面下腥風血雨爭權鬥狠的貴族的休閒生活中，硬是為兒子開闢一條路。

與其說莫札特被父親虐待，不如說年僅七歲就四處旅行，太早暴露於這些虛假人情世故中，無助地面對令人作嘔的社交圈：「（在某些私人聚會的場合中），我經常是被迫對著座位、桌子和牆壁演奏」。

被惡搞的C大調，總是讓我想到天才們不得不就著一點點的黑色幽默，容忍著平庸又殘忍的人世間。

一個不取悅凡俗之耳的天才－普羅柯菲夫

「（普羅柯菲夫）彈琴總是貼著鍵盤，手腕動作清晰精確，斷奏精彩絕倫。他從不將手舉高拋下－他不是那種得從五樓跳下去才能發出聲響的鋼琴家。他有鋼鐵般的意志力，也因此，即便是貼著鍵盤彈，他還是能彈出令人讚嘆的力量與濃烈，而且他的速度穩定，從來不隨意變動。」－蒲浪克，摘自《朋友們與我》，1978）

德布西曾將斯特拉汶斯基（I.Stravinsky）斥為「對音樂比中指（大不敬）的壞孩子」。其實，斯特拉汶斯基的為人與音樂可能都不及他的同胞前輩，普羅柯菲夫猖狂；普羅柯菲夫的聰明絕頂、傲氣凌人顯然令身邊眾音樂家、好友都吃不消，連普羅柯菲夫甚為讚賞、晚年常委與重任的大鋼琴家李希特（Sviatoslav Richter）都受不了，直言「僅與普氏之音樂藝術聲息相通，對其為人不予置評」。

說普羅柯菲夫是二十世紀初音樂界的搗蛋名人並不為過，他鑽研古典傳統的各種形式與技法，其目的卻是為了要將之作弄一番，就像可惡的小孩欺負獨角仙一般，不將之操弄至精疲力竭不善罷甘休；他毫不畏懼闡明自己的創作原則、也在自傳中對自己的早慧與鶴立雞群津津樂道，他為了進入聖彼得堡音樂院不惜一次又一次絞盡腦汁逃避兵役，為的就是在紙上寫下自己源源不絕的靈感；他的音樂聽似凶暴殘狠、實卻聰穎率性；現在已經是二十一世紀了，如果你還是覺得普羅柯菲夫的作品不好聽，恭喜你，你很正常也很誠實，因為他並不打算要取悅你的耳朵，他只是藉音樂表達觀點，沒打算讓你過得舒服；如果你在他的音樂中發現美、他的音樂令你有種莫名的感動，不要擔心，你並不是不正常，你只是對音樂有著比「好聽」更多的需求，或許你就是在抽象畫中看到仙境的人。

普羅柯菲夫生長於經濟相對優渥的家庭，父母雖非貴胄，卻非常注重子女教育，特別延聘許多家庭教師來到身為農業技術專家的父親工作的烏克蘭的松厝夫卡（Sontsovka，意指陽光普照之地）的富人莊園家中教授文藝。許多資料上寫著普羅柯菲夫九歲譜寫一齣歌劇《巨人》，年僅十三歲的就在葛拉祖諾夫的建議下投考名聞遐邇的聖彼得堡音樂院…但若仔細讀這位天才兒童在壯年憶兒時寫下的自傳，就知道事實上這些經常出現在樂曲解說上的「經歷」是被簡化過的歷史。

八歲時普羅柯菲夫就寫了第一齣歌劇《巨人》
和總譜合照顯得相當得意

看看普羅柯菲夫彈琴的姿勢吧！

資優兒童（天才）的記憶

其實大家可能多少都認識－甚或本身就是資優兒童。其實針對天才或資優兒童的研究不少，但能夠有像普羅柯菲夫的半生自傳那樣，清楚地由三歲起巨細靡遺地自述自己的優與劣，「自知資之優」、更「自知無法見容於某些規定框架（而因此成績不好、不為大眾所接受）」的這種自信坦然與真誠的文獻，真的相當稀少－我們可以想像這一位有著極為嚴格的作曲日課表、生活中總是得找點事情做作的忙碌多產的作曲家，是用同樣的嚴謹與規律性每天寫日記，紀錄下自己，也觀察自己。

● 「我從小就是個拗脾氣小鬼。媽媽的鼻夾眼鏡碰到我時，我還會一巴掌打過去尖叫道：「Makaka!（ㄋㄟˋㄋㄟˋ！）」
　　　──普羅柯菲夫，《自傳》

● 「媽媽解釋說，我們沒辦法寫李斯特狂想曲那樣的曲子是因為那是李斯特個人的創作，而且沒有人能寫沒有小節線的『九線譜』，因為音樂都是寫在五線譜上的。因此，媽媽深深感到她有責任更有系統地教我樂理、記譜。」——回憶五歲時想寫一首「李斯特狂想曲」

● 「今天真不錯，我大約七點半到八點間起床…因為現在是在鄉間，所以我大約兩天刮一次鬍子、並且可以晚十五分鐘到半小時下樓（可以開始一天的公開行程）。我喝咖啡、打開窗簾，並且開始工作（寫曲子）直到十點。十點的時候，佣人會送郵件來，這時候我可以休息一下；如果沒有很多需要處理的信件，我就繼續工作到十一點半；接著我會讓親愛的 Ptashka（普羅柯菲夫對麗娜的暱稱）在家唱歌而我出門去散散步，有時候我會帶著兒子和他的三輪車跟我一去走走。返家之後我有時還會再多做點事情（寫曲）。」——1929 年日記

普羅柯菲夫是個異常聰慧的人，讀他的傳記、自傳，會發現這個人對泛泛之輩、冬烘先生一般維維諾諾的舉措完全沒有耐性，對人性的各種缺陷與善美卻觀察細微，充滿興趣。他堅信自己的音樂方向，毫不自囿於他人批評與世俗成規，總是能夠化簡為繁，寓繁難於單純。

「有位作曲家令普羅柯菲夫相當痛恨。只要提到拉赫瑪尼諾夫的作品，他就氣得牙癢癢地，怎麼回事？因為他深受其影響啊！」——李希特提及他自己於 1942 年夏天一場獨奏會，摘自《謎樣李希特（暫譯）》（Richter the Enigma）

普羅柯菲夫 曾以其慣常的精準尖銳的口吻道出自己作曲的基本理念：

「第一是古典風格，這早在襁褓時期，母親所彈的貝多芬奏鳴曲就深植在我心中…再者是創發，…第三是觸技曲風格（the element of toccata）或說，是一種「動力」。第四則是旋律。我盡量使自己以這四理念為依歸，至於怪誕的變形（grotesque）應該視之為前四者的變化，其實，我希望以 "scherzoness" 來代替 grotesque，甚或以 "jest," "laughter,""mockery," 等三字的漸序層次來說明這一理念。」

早慧佐證其一貫的狂妄自大，也佐證其個人風格的建立；普羅柯菲夫在聖彼得堡音樂院屬鋼琴名師艾希波娃（Anna Esipova/Annette Essipoff-Leschetizky, 1851-1914）門下，但他對於有幸受教於這位歐洲鋼琴名師雷謝替茨基之入室弟子兼前妻並不覺得有何值得艷羨，相反地，他討厭極了這個老婆婆指派的莫札特、蕭邦之流，每次上課不弄得怒目相視不罷休；但普羅柯菲夫仍舊承襲了雷謝替茨基學派將**觸鍵重點放在指尖、手腕放鬆的重要特色**，在他的鋼琴作品處處可見這種演奏技巧由音樂本體呈現出來，並且延展出另一種與李斯特、蕭邦截然不同的鋼琴演奏「態度」。

25^7—誰跟你說音樂家數學一定（可以）不好啊？

這是什麼？這就是 25 的七次方啊！

1939 年，普羅柯菲夫在 1939 年第七期共青團《先鋒》（"Пионер"）雜誌上寫了一篇名為〈旋律會有耗盡之時嗎？〉（"Могут ли иссякнуть мелодии?"）的文章，普羅柯菲夫先以西洋棋原理、與數學的排列組合解釋道，若我們從十二個半音中任選一個音開始，那麼下一個音就有十二種可能性－因為也可以寫重複音以及**「向上或向下各一個八度都可以當作旋律」**，於是你光是第二個音就有二十五種可能性，到了第三個音就是 25 的二次方！

喔！這正好解釋普羅柯菲夫費盡畢生之力尋找「沒有人寫過、但令人過耳不忘」的旋律的祕訣之一。於是，普羅柯菲夫，旋律的可能性「最少」有 25 的七次方，並且**「同音並非同表情」**；在文中，普羅柯菲夫還提出了音樂學入門－告訴你，人類的聽覺「時時刻刻在變動，千百年前的「悅耳」不等同於現在的標準」令人不由得佩服這位早慧天才的努力與用功──普羅柯菲夫並不以自己從小就知道的天才滿足，而是不停地砥礪自己，強勢主導自己的人生、當然也要主導自己留下的痕跡、絕對不讓自己的豐功偉業在身後受制於別人的「考據」與「猜測」。

也因此他孜孜不倦勤寫日記，每天要寫上好幾次，特別的是，除了我們前面提到的嚴謹日程之外，普羅柯菲夫在日記中的口吻似乎像是知道自己必然會在歷史上留名而不避諱鉅細靡遺、甚至津津有味地紀錄下生活瑣事：

「午餐於十二點四十五分進行。如果必要的話，午餐後我會口述一兩封信讓 Labunsky 寫。下午的工作沒有早上那麼緊繃，比方，我就很少在下午作曲，雖然有時候我會在下午把曲子寫完。再來我就會校訂、更改交響曲或修訂配器。午茶於四點進行，而五點半我又出門去進行較遠程的散步，大約四到五公里遠、有時甚至走到香檳去了，再搭火車返家，以便趕得上七點半的晚餐。晚上我彈琴（第二號協奏曲、第四號奏鳴曲），然後寫日記（繼續紀錄新的）或是在舊的日記上增添新事項。我們十點就寢。」

「第三堂駕駛課。起先用二檔開車，我本想換到三檔卻不小心誤換到一檔。我的腳底下發出可怕的顫動。驚嚇之餘，我又繼續踩下踏板卻又沒踩好。我的教練就坐在身邊，馬上將車子停下來，落落長地罵我。我一句也聽不懂，心裡只想著到底是不是把車給弄壞了。看到我倒楣的表情，教練突然大發慈悲，說『好啦！繼續！』」結果呢，我在布隆森林（Bois de Boulogne）附近的一次駕駛課給人看見了，郭恰可夫在地鐵上聽到旁人閒聊：『所以呢，普羅柯菲夫最近過得好像不太好，他好像在學開車準備改行當運將！』郭恰可夫說，他當下差點沒笑死。」（1926 年日記）

▲工作中的普羅柯菲夫

▶普羅柯菲夫與其元配 Carolina (Lina)

普羅柯菲夫自傳中提到的那張工作良伴「很好坐的椅子」。如果問普羅柯菲夫在荒島上不能沒有什麼，他一定會告訴你：哲學書、西洋棋、和桌椅紙筆。

寓火於冰的普羅柯菲夫之真諦

我們在莫斯科音樂院待了一陣子以後，就能體會音樂院的教授、學生們為什麼對於國際音樂營或大師班有時對於外國人帶著俄國曲子來上課表現出一種奇怪的排拒感（或沮喪）；因為「外國人」總是帶著一種過於誇張的熱情地來演奏或上課，但卻往往把拉赫瑪尼諾夫彈得像愛欲橫流的三級片、普羅柯菲夫則像是被炸得斷垣殘壁、屍塊散落一地的戰場。

普羅柯菲夫天才早慧著作等身，這位史料登記有案的壞孩子 enfant terrible「白目」行徑俯拾即是；在如旋風般狂掃歐樂界前，就千方百計嘲弄天份較低的同學，其實普羅柯菲夫被視為「壞孩子」並不委屈，因為他真的是故意的。自視甚高的普羅柯菲夫與一般自信滿滿者不同的一點，是他會研究自己所討厭的、或是別人的缺點。他在聖彼得堡音樂院時期的惡行就使同學忍無可忍「跳到我背上把我推倒，狠狠地揪著我的耳朵」—他做了什麼好事呢？

普羅柯菲夫覺得和聲課上同學作業的錯誤層出不窮還愚蠢極了，自認在和聲課上毫無敵手的他無聊到開始統計每位同學的錯誤；他甚至故意精確模仿他不屑的、老舊、八股的風格的作品，卻留下曲曲洋溢著天才機鋒，雖尖酸刻薄卻妙語如珠的妙作。

一個絕對的人

為什麼普羅柯菲夫的音樂那麼難以下嚥，到處觸怒樂評人，卻又能震撼人呢？

因為他要的不是大聲而已，而是他做什麼事情都很絕對；他的朋友形容，若普羅柯菲夫在小房間裡彈「很強」（Fortissimo）必然震耳欲聾。以 C 大調第三號協奏曲為例，美國經紀人將普羅柯菲夫冠以「來自無神論俄羅斯的布爾什維克作曲家」，乾脆以美國樂界所戒慎恐懼之處加以包裝推銷，其得意作品《三個橘子之戀》卻受到芝加哥樂評「…普羅柯菲夫先生好像把機關槍裝滿幾千個音符對著空牆掃射」譏誚，1921 年底在芝加哥首演的第三號鋼琴協奏曲亦未獲讚美。但歐洲的態度卻較為寬容，一位倫敦樂評人指出：

「普羅柯菲夫一進場音樂立刻活靈活現。這首協奏曲引人全神貫注專心聆聽，鋼琴幾無停歇之時。最重要的是他的管絃樂部份是真的管絃樂而非裝飾點綴，管絃樂的音色巧妙地設計以彰顯甚而激發鋼琴的樂器特質，而非僅在與之對比」

在 1962 年第八期的《蘇維埃音樂雜誌》上小提琴泰斗米爾斯坦（Milstein）憶述當年普羅柯菲夫親自首演此曲，完全沒有大家先入為主的凶暴激烈，反倒觸鍵如鶴骨松姿，節奏簡潔精準，處處展現作曲家與鋼琴家合而為一的特有靈思。

洞察人性，抓蛇抓三寸，打蛇打七寸

令普羅柯菲夫成功的，就是先前提過的，「洞察人性」；普羅柯菲夫很知道要怎麼給聽者「surprise」；他親筆寫道，第三號鋼琴協奏曲的第三樂章是樂團與獨奏家互相「嗆聲」，起始時低音管（巴松）演奏聽來偷偷摸摸的斷奏「被鋼琴大喝一聲硬生生地切斷」，接著鋼琴與樂團不斷以強烈的節奏、快速音群互相叫囂，直到鋼琴乾脆把樂團的主題拿來演奏，樂團似乎才悻悻然暫時認輸。

這樣一位將音樂素材化為角色、個性的作曲家，難怪能寫出《彼得與狼》這樣的作品，而他對「調『性』」的設定，當然就更令人著迷了。

雖然普羅柯菲夫也使用簡約的動機，但他的技巧與拉赫瑪尼諾夫有所別，拉赫瑪尼諾夫將簡約動機視為音程關係，用以設計華麗龐雜的織錦；而普羅柯菲夫則猶如玩弄排列組合與哈哈鏡，欣賞者必須保持科學態度才能搞清楚所謂的「一條旋律」不過是萬花筒中的彩色碎片。

普羅柯菲夫在這個環境中真正鍛鍊出他最渴望的「獨一無二」、「簡單易懂」的旋律線條。普羅柯菲夫擅長以音樂素材構織戲劇張力；例如節奏、節拍、旋律。以節拍來說，普羅柯菲夫常常在同一個曲子中寫總值相同但分值不同的節拍：例如4/4 拍與 12/8 拍都可以打成「四拍」，只是在 12/8 拍每大拍細分為三拍、4/4 拍則是一種二分均分的節拍，於是在音樂中我們就能聽到不同的節奏感，作曲家不須改變速度便可有不同的速度感。

普羅柯菲夫常構織令人如坐針氈一般緊湊的對位聲部，更彰顯相對聲部的獨奏旋律的悠遠；這種獨特、令人聞之不忘的旋律，正是一般被誤解為「尖刻」、「暴力」的普羅柯菲夫的音樂真正的特質之一，也是第五號與第六號奏鳴曲迷人之處。

「所謂的戰爭奏鳴曲」

真實才美。

普羅柯菲夫一生以寫出「別人從未聽聞過的旋律」為職志，他深信二十世紀的、新的音樂裡當說出與眾不同的情緒，「我們想要更簡明的旋律風格，一種不必那麼複雜、那麼糾纏的情緒底蘊，於是不協和音就更加確立其音樂上的地位了。換言之，音樂已經達到、並超越了『不諧』與『複雜』。」當他受委託寫作芭蕾舞劇《灰姑娘》時，馬上就像電影導演一般，胸中已有立體的角色設定「我認為《灰姑娘》應該是個有變奏曲、慢板、雙人舞等等的古典芭蕾，仙度瑞拉不僅是個童話故事人物，還應有血有肉，就像我們一樣能思考、受感動、有喜有悲的活生生的人。」

與小提琴巨擘歐伊斯特拉赫（D. Oistrakh，圖左）下棋的普羅柯菲夫（圖右），西洋棋是俄羅斯知識份子普遍喜好的休閒益智交際活動。

的確，戲劇性是普羅柯菲夫的音樂中不可或缺的一部分，這更是莫札特的音樂精髓，這兩位都有一種洞察人性百態的天分，在樂曲中書寫世人種種個性、姿態，有時真實到了歷歷在目的地步！

叛逆狂妄青年普羅柯菲夫視浪漫派鋼琴演奏法如無物棄如敝屣，把鋼琴當作敲擊樂器，以氣炸老師為樂；而深究其真正重要的成熟作品他並不是真的「喜歡」爆裂的聲音，而是資優兒童那種喜歡絕對：絕對的準確、絕對的大、絕對的小、絕對的對稱之趣…，種種的絕對在普羅柯菲夫成長過程中，隨著種種的體驗，轉化成出更多層次，但仍舊是絕對—即便在《幼童曲集》的記譜中，我們還是看得到那種延續自貝多芬的「記譜絕對感」—作曲家沒叫你做什麼就別做、要你做什麼就照做，即便是用拳頭彈琴（col pugno）！

台灣許多人—無論是否是「樂迷」—第一次接觸普羅柯菲夫是由於他那些乒乓乒乓、「噪音連連」的作品。例如 1967 年，當時才 26 歲初出茅廬的鋼琴女王阿格麗希登台演出普羅柯菲夫第三號鋼琴協奏曲，馬上聲名大噪，其後她與阿巴多及柏林愛樂的錄音成為普羅柯菲夫第三號鋼琴協奏曲的重要版本之一。

阿格麗希與普羅柯菲夫都稱得上是音樂界傲然特立獨行之人。

今年（2013）是普羅柯菲夫辭世六十週年紀念。我們也該還他個公道，別再把他彈得像個綠巨人似的。

普羅柯菲夫的第五、第六號奏鳴曲恰好是普羅柯菲夫在人生與鋼琴曲的創作腳步上的兩階段。

「沒有什麼比奏鳴曲式更好—更有彈性空間、更具完整性—適足以乘載我的形式用意。」（《紐約時報》樂評人當斯（Olin Downes）訪談，1930）

極為清楚自己的方向的普羅柯菲夫在音樂院尚未畢業時就已經亟欲走出柴可夫斯基、「俄國五人組」、拉赫瑪尼諾夫的俄羅斯，於是他的第一階段（有的史家稱為俄國時期）充滿了刻意的實驗、尖銳的不協調音，挖苦式的幽默和強大的生命力；雖然他竭盡所能與上述的西歐浪漫主義或僅是簡單摘取俄羅斯民謠但調性和聲風格上仍舊不脫浪漫主義影響的俄羅斯民族主義音樂「敵我分明」，但包括普羅柯菲夫認為「非常有效果」而在早期的演奏生涯中經常演奏的 D 小調觸技曲，作品十一；《諷刺》曲集，作品十七，四首練習曲、包括《魔鬼的暗示》在內的四首小曲⋯仍舊有清楚的調性，就像是一個穿著名校制服大聲咆哮、抗議；而作品一第一號奏鳴曲雖創作時間實與第二、第三號同時期，但「被選擇」首先發難出版，可見得並不是許多人按照舊有的鋼琴演奏態度貿然「彈得像李斯特」這樣的作品。

不過，到了《瞬間幻影》（Visions Fugitives, Op. 22）就可察覺普羅柯菲夫已經不願意只待在同一個寫作風格中；普羅柯菲夫不但引用象徵派詩人巴蒙特的三句詩，還能將這二十首小曲寫得像是自言自語、自說自話、自問自答。在這闕作品中，普羅柯菲夫成功地以最精簡的材料、最清晰的邏輯，寫出最幽微的詩意；他也挑戰了連貫性，像這樣包含多首小曲的曲集或組曲是普羅柯菲夫除了結構性強烈清晰的奏鳴曲之外的常用體例，在早期創作歷程中就還有另一套《十首鋼琴小品》，作品十二。這兩套曲集的小曲之間並無強勢的邏輯連貫──或者普羅柯菲夫利用這樣的曲集作為「簡短」的創作實驗、練就「簡潔」的音樂功力而不自溺、或依附於奏鳴曲式可資使用的長篇大論。於是，普羅柯菲夫的《瞬間幻影》映照巴蒙特言簡意賅的三句詩的二十種樣貌，成了藉鋼琴聲響相應出二十段無字的偈語。

這些完成於 1915 到 1917 年俄羅斯面臨劇變的關鍵時期的作品－如同普氏其他作品－並未反映時局。普羅柯菲夫與其他同時期藝術家最大的不同就在他對周遭世界變動的態度，相較於蕭斯塔科維契，普羅柯菲夫簡直顯得對戰亂、政治迫害造成的痛苦漠不關心。這並不表示他不關心人類的生死掙扎、愛恨喜怒，只不過音樂對他而言是純粹的，普羅柯菲夫認為自己是為了自己作曲，他的音樂不必反映除了自己觀察所得之外的他感。

成為固有風格的試驗：三連音、錙銖必較的休止符、不古怪毋寧寫的特殊旋律

普羅柯菲夫：C 大調第五號鋼琴奏鳴曲，作品 35/135
S.S. Prokofiev: Piano Sonata No.5 in C major, Op.35/135

我一直相信普羅柯菲夫的作曲風格——以一個如此自信、事事堅持幾乎絕對的主導性的人而言——不會「僅」因為 1918 年出走到西方而驟然改變。

當然 1918 年的遷居西方出自時局─戰後俄國政局─所迫、卻也是普羅柯菲夫自主的決定；他在自傳的第三章一開始就說「我以為在美國的專業生涯會接續我在俄國的成功，但我錯了。」這種強勢地決定「我要去哪裡」、「我要做什麼」的意念，其實從小就明顯見得：入音樂院時、在音樂院裡想要強勢地不照老師規定的作業寫、不照老師的教導練琴…甚至在音樂院畢業時就清楚地為自己的音樂生涯鋪路，自傳的第二章伊始就寫著：

「由於我音樂院畢業考考得很好，媽媽送我出國當作禮物，於是我選擇倫敦，因為迪亞基列夫的俄羅斯芭蕾和歌劇在這裡巡演獲得佳評如潮。倫敦的這個樂季真的令人興奮不已：夏里亞平（Chaliapine）在這裡演唱、里夏德・斯特勞斯（R. Strauss）指揮樂團、並且在這裡有好多新音樂發表。」

從這裡也可以看出，普羅柯菲夫是真正的資優人、天才，而不只是「智優」，因為他不但在音樂藝術哲學數學…都有過人的創意，還非常能洞察人心的─相信我，其實這才是真正的天才。達文西並沒有背離人性，反而很有興趣地觀察人的裡裡外外；莫札特的歌劇更是充滿了對人的各種「表情」，舉凡崇高理想、慾念、愚蠢、邪惡…的書寫。

第五號鋼琴奏鳴曲－一個舉重若輕的普羅柯菲夫的音樂肖像─「聽起來像是錯的都是對的」

我在家裡練習這首奏鳴曲的時候，心裡早有定數，知道媽媽一定會有疑問，所以答案早就準備好：「沒錯啊，聽起來錯的通通都是對的音喔！」

更別說第一、三樂章還有好些聽起來簡直就像是三太子上身、媽祖遶境的鑼鼓樂般的節奏冷不防冒出來「咬你」呢！但要把這些錯的卻是對的音背起來，卻很令人痛苦，記得剛剛開始練的時候，簡直就要對著譜飆髒話！如果更不和諧一點也就算了，認了、乾脆死背；但這首曲子根本不是這樣，除了那些似乎毫不費吹灰之力卻讓人背譜背到要抓狂的聰明聲部寫作之外，這首奏鳴曲的三個樂章之間的關聯性也屬一奇招。雖然像是奇怪的小怪物偷偷走路又走不好的鬼怪第二樂章聽來充滿了降記號，普羅柯菲夫卻完全沒有標示任何可以指示調性的調號，似乎像是故意要造成「**在調號上三個樂章屬於同調性，只是我把第二樂章寫得像長滿瘤狀物的臨時記號怪物**」，恰巧與先前演奏的莫札特 A 大調奏鳴曲那圍繞著 A 大調鋪陳「同調種異調性」的「同中有異」之趣互相呼應著。

關於在新婚燕爾創作的第五號奏鳴曲還有一相當有趣的特點，就是：你的手型訓練必須相當古典、又得像剛學琴、不喜歡照「正常」指法來彈的小孩、要非常不古典才能演奏這首曲子。在第一、第三樂章可以聽到幾乎像是惡搞莫札特一般的不協和音——每次彈這兩個樂章，我總是會想到一個穿戴著十八世紀的假髮與華美的大領子大袖子、「假掰」綁腿的秀美年輕人在宮廷舞會上做鬼臉、扭屁股的樣子；若剔除這兩個樂章的不協和音，那麼在指法的要求上就近乎「徹爾尼練習曲」大成了！

而第二樂章反而像是給徹爾尼、哈農、克拉邁…這些為我們的手指能好好地在鋼琴上快速又優雅地移動的十九世紀初期的鋼琴手指練習曲一記耳光。請大家特別注意看我的手就知道，真的是非常「不乖」的手指啊！如果您讀了普羅柯菲夫的自傳，一定就會想起：

「媽媽知道小孩子沒有耐心，因此不讓我一次練很久的琴…他也讓我自由發揮，結果我的指法與手型簡直就是災難，這個後果讓我直到成年都還花很多時間拼命地矯正」

正如他自己分析的「四加一」五個特點，為了表現這些特點，他有自始至終都十分著迷的音樂素材；這包括節奏、音樂的進行方向（垂直與水平），以及獨特性。而最明顯的節奏實驗就是三連音。尤其在第四號鋼琴奏鳴曲之前，幾乎所有的鋼琴作品中都有對三連音的實驗。普羅柯菲夫運用排列組合，將三連音的各種可能性實驗透徹；直到第四、第五、第六號奏鳴曲，就突然轉變為「四四方方」的「二分法」節奏（均分為二、四、八…等），不過終其一生，普羅柯菲夫仍舊相當喜歡以慢速的三拍子樂曲「對照」較為快速的四拍子，我們在每一首鋼琴奏鳴曲、芭蕾音樂、協奏曲、交響曲中都可以找到例子。

而音樂的進行方向與旋律的獨特性，則借助於來自俄羅斯民族的素材（民樂、民間傳說、舞蹈）與「新古典」主義，這種風格對作曲家而言似乎較為「私密」，與「極端不協和」穿插出現，這個特點延續、延展直至最終。

1918 年之後的作品的確有更明顯的調性實驗，普羅高菲夫甚至也使用了像德布西某些作品不標示調號的做法，並且使用更多的和聲式旋律，引用更多他在歐美各地聽到的音樂素材。但普羅柯菲夫的音樂成長不像某些作曲家採取「完全變體」的方法，卻是匯聚多種時代風格、卻能善加使用這些技法工具，以便為自己的獨特性發聲；而第三號鋼琴協奏曲就是聚合了這種「大眾還能聽得懂一點調性卻又有嗆辣得不得了的不協和音和強烈的節奏」於是能成功的例子。

第五號奏鳴曲就是如此成功的一首作品,也難怪普羅柯菲夫在病榻上、在面對蘇聯的政治追殺,還是拿起筆來重整了這首曲子;並且,猶如 C 大調這個二十四個大小調中最簡樸卻也最完滿的光譜極致調性是一種現實無法企求的人性光輝一般,1947 年的第九號鋼琴奏鳴曲、第四號交響曲、1949 年的大提琴協奏曲都再度使用了當年令他春風滿面的第三號鋼琴協奏曲的 C 大調;當年那些強加的不協和音,在第五號鋼琴奏鳴曲中,已經消化為更加詭譎的、成熟無比的複音音樂織體。

1939 年的藝文整肅－天才終究躲不過政治暴力

由普羅柯菲夫的自述、生命中種種「決定」一包括晚年為了能在蘇維埃中央箝制思想與藝文創作、鼓吹文化民族主義、高舉「俄羅斯只有最好與好」排外主義的「質丹諾夫教條」(Zhdanov Doctrine)下還能繼續發表曲子、而忍辱寫給蘇聯中央鷹犬,甚至包括刻意疏離西班牙籍妻子、任她被控從事間諜行為受放逐也不為所動…看來,普羅柯菲夫自有一種相當現實的入世態度:他清楚地知道在「人的社會」與「政治」中,要如何大張旗鼓、用旁人的鼓譟與反對做為再生力量、該閃躲時也不怕落得自私之名…

1939 年，史達林下令逮捕勇敢抗拒當局力推的社會寫實主義藝術並在 1938 年勇敢接手史坦尼斯拉夫斯基劇團的邁爾霍德；邁爾霍德的妻子於丈夫入獄後一個月自殺，而邁爾霍德則在獄中飽受凌虐後於 1940 年被處決。藝文圈敢怒不敢言，只能以靜默代替悲憤。

但這只是開始，只是藝文整肅的冰山一角。

因為史達林自認為具有非常高的藝術品味，他用假名寫樂評影評劇評，也會坐在觀眾席監視著台上的演出。

第六號開始的「再訪鋼琴奏鳴曲」

就是在這個時刻，普羅柯菲夫回頭著手寫作超過十五年沒有繼續創作的鋼琴奏鳴曲，一口氣接連寫了三首被西方世界冠上「戰爭奏鳴曲」的第六、第七、第八號奏鳴曲。事實上，從各種資料與跡象來看，真正對第二次世界大戰的「戰役」有直接描述的，應該是十分熱門的第七號，而第八號－對照第四號的深沉黑暗－或者可以映照作曲家目睹戰禍殘酷的冷冽心境。

然而第六號呢？

我一直認為這個作品中有種說不出來的厭惡感、好似作曲家即便處在簡陋斗室中，仍能用調性、和聲、像是用除草機修剪得整整齊齊的節奏、用不動聲色的眼角餘光，惡狠狠地瞪視這個用空泛口號、邪惡手段整肅異己的政權──是人性、創意、自由、理想對殘暴的宣戰，是一種長期的掙扎、不妥協，而不是大家都知道看得到的戰爭。

這樣的想法可由陪伴普羅柯菲夫度過後半生的二任妻子 Mira 的說法得到印證，Mira 認為第六號奏鳴曲抒發其生命歷程變化的掙扎、煎熬，「不見得跟戰爭有關」。

垂直與橫向進行之美

普羅柯菲夫：第六號鋼琴奏鳴曲，作品 82，A 大調
S.S. Prokofiev: Piano Sonata No.6 Op.82 in A major

此曲約完成於 1939 年，1941 年發行，1940 年 8 月 8 日由作曲家親自在莫斯科首演，1946 年在美國出版。

這個經常被某些較為強壯的男性鋼琴家斥為「女生才彈」的奏鳴曲由四個樂章構成，其演奏長度僅次於第八號。回到古典交響曲奏鳴曲式的四樂章架構中，如何創發足夠的材料，並加以發展，使得奏鳴曲的形式與內容兼容並蓄，確是一大課題。這首曲子不像第七號那樣激烈，但聲部之間的互動關係、鋼琴語法、調性語彙、句法皆精練，其純美超越不協和音所引起的痛楚。

第一樂章第一主題旗幟鮮明，大三度、小三度在大小調間穿梭，並在切分音的長拍上使用不協和音程，令人過耳不忘，這個主題的旋律、和聲、以及節奏動機都即為其後三樂章中尋跡。普羅柯菲夫在材料的統整及發展的功力可見一斑。

單項聲部的水平走向與多項聲部之間的垂直關係在四樂章中各異其趣，在第一樂章的發展部可以聽到用第二主題作為發展材料的多聲部寫作，作曲家在極為強烈的節奏上層，鋪敘綿長的主題旋律，構織長大的樂句，所以可將其水平走向畫上重點。第二樂章基本上與第一樂章相對，表現聲部間的垂直關係，極不容易表現曲趣，第三樂章是聲部關係最複雜的一個樂章，高音聲部下另有一至兩個聲部交織進行。第二、三樂章或許不像一、四樂章般地激烈，但對於演奏者的集中力與「氣口」的安排具有相當的考驗。第四樂章的第一主題更加整齊，速度飛快、運用許多不協和音程，頗為刺耳。尤以尾奏（coda）對二十一世紀人類的聽覺仍是種挑釁。普羅柯菲夫如刀口般的句法，以及整齊的樂句重複次數，與長樂句錯置，使其音樂兼具數理與旋律之美。

普羅柯菲夫曾說，他一生絞盡腦汁都在找尋最獨特、最令人難忘的主題。這首最引人注意的，就是那邏輯異常簡單卻力道十足的動機。其實，令我們印象深刻的，就是那藏有刻薄的半音的呆板低音節奏，以及右手所演奏的，包含了「塞」在正常的協和音程當中的快速半音，好似一面享受脆餅乾的口感卻一面被不停爆開的花椒粒攻擊舌頭。

我記得好幾次我彈這首奏鳴曲受不同的大師指導，但其中唯有馬里寧與撓莫夫教授指出那隱隱藏在音符間、在極為敏感又「全知」、洞悉布局方能領略的「垂直」與「橫向」之美。這是什麼意思呢？例如第六號奏鳴曲的第二樂章，許多鋼琴家都因為這些和絃的中間聲部走向而將之彈得十分流暢，變得像是一個「比較快的、甚至有點俏麗的跳音旋律」，然而兩位教授卻嚴禁我彈得快一點，拼命地壓抑我的速度──然後這個樂章就變得有點難彈，因為你變得無法只換換手指就完成一個和絃到下一個和絃、一個手型到下個手型位置，你必須「端端正正」地、幾乎是清心寡慾地限制自己的熱情，好好地聆聽那音與音之間的迴響與無聲；這讓我想起《瞬間幻影》那詩人與作曲家竭盡所能地描繪的「在此與彼之間似有若無的暫留幻影」，也呼應了第五號奏鳴曲第二樂章的怪奇，普羅柯菲夫的絕對與天才，洞悉音樂的表層美感，透析至骨架、拆解過多的情感包袱，反而現出一則又一則最近乎人性的描繪。

【樂曲精彩加碼】

蕭斯塔柯維契：C 小調第一號鋼琴協奏曲，作品 35
D. Shostakovich: Piano Concerto No.1 in C minor, Op. 35

蕭斯塔柯維契幼年並未有機會以音樂小天才之姿登台亮相，他十歲起才由母親啟蒙彈琴，兩年後得以進入聖彼得堡音樂院，並獲聖彼得堡音樂大老葛拉祖諾夫（A. Glazunov）推薦向名師斯坦貝格（M. Steinberg）習琴。在學期間，蕭斯塔柯維契不幸失怙，母子相依為命、貧病交加，他開始在電影院打工，為默片現場彈配樂，或許因此而鍛鍊出他許多作品中既抽象又極具敘述（narrative）的力量。

原先一心一意想成為鋼琴家的蕭斯塔柯維契在 1927 年第一屆華沙蕭邦鋼琴大賽失利，不過承襲自聖彼得堡派名師的優良鋼琴演奏訓練則使蕭斯塔柯維契得以由鋼琴家的「操作面」譜出不悖離彈奏的人體工學原理、但在理論與聲響上更具新意的作品，在二十世紀音樂史上自有其獨特地位，不掩於普羅柯菲夫、斯特拉汶斯基的光芒之下。

這闋鋼琴協奏曲譜於 1933 年春夏間，是蕭斯塔柯維契即將因《米千斯克的馬克白夫人》受到嚴厲批判前的好時光；此時蕭氏有著相當好的名聲、保有相當的創作餘裕，可以盡情地挑戰協奏曲的形式與內容。蕭斯塔柯維契的第一號鋼琴協奏曲彌補了俄國本土作曲家在一九三〇年代險些無法提出有份量的鋼琴協奏曲的危機，也被音樂史家視為蘇聯時代第一闋真正的鋼琴協奏曲；的確，無論在時間、樂曲的內容、或是形式風格上，蕭斯塔柯維契的第一號鋼琴協奏曲都承接了普羅科菲夫（S. Prokofiev）遠走西歐之後的空蕩；而此曲發表三年之後，在蘇聯境內才見到哈查度量（A Khachaturian）揉了民樂風、龐大的鋼琴協奏曲。

蕭斯塔柯維契早年埋首於戲劇與電影配樂創作的影響明顯及於此協奏曲，曲中有像似闡述某種角色或情緒的樂段，也能聽到耳熟能詳的旋律被拼貼於繁雜的音樂織體中。第一樂章破題首句之後，第一主題的兩股材料分置於鋼琴中、低音，這兩個互相牽制又互不相干似的旋律素材旋即變體為鋼琴家雙手齊奏出、以絃樂團為「競逐」對位對象的資材，音樂的情緒頓時高漲。但不多時，作曲家卻「塞進」一個出乎意料的終止式，把 C 小調硬生生地拉到降 E 大調樂段，將聽者的耳朵「綁架」到遊樂園裡聽聽玩笑喧鬧。至此第一樂章的材料皆鋪陳完畢，在這些素材移轉調性區域、增快速度再次喧騰一翻之後，這個樂章就在發人深省的第一主題重現後憂然而止。接著毫不間斷地來到第二樂章緩板（Lento），蕭斯塔柯維契顯然不打算清楚分割此協奏曲的樂章，第一樂章之後的三個樂章其實都在「承接」前一樂章材料的「止息」，樂章之間都寫上了 attacca（接續演奏）。第二樂章是個懷美悲涼的慢速圓舞曲，聽來像是缺了升記號的 e 小調，而充斥其中的玄怪半音又使其像是個無所適從、與任何定義都格格不入的東西，像是在哀悼置身弔詭與偏見中的美，令人惴惴不安，又無法忘懷。在

第二樂章中我們聽到更多可謂為蕭氏第二號鋼琴協奏曲主體織度的鋼琴雙手跨越兩個到數個八度的齊奏，營造出一種非單一口徑的單調獨白雰圍。這種「同音分置兩聲部齊奏」並非蕭斯塔柯維契的專利，若廣閱同時期其他鋼琴協奏曲，可知這乃是浪漫派之後漸漸廣見於鋼琴協奏曲的語彙之一，蕭邦的第二號鋼琴協奏曲第二樂章就大量地使用八度齊奏來表達鋼琴尖刻的獨白；而柴可夫斯基、拉赫瑪尼諾夫、普羅科菲夫、哈查度量、乃至於後起的斯特拉汶斯基、席且德林…等人的鋼琴協奏曲中都常常出現。這樣的寫法可靈活組合運用鋼琴寬闊的音域。而蕭斯塔柯維契往往將齊奏的兩個聲部更「兩極化」，置於極高與中音域，形成音域之間的「空洞感」，在本曲的末樂章就可以聽到這種鋼琴獨奏部份的分聲部齊奏所營造出鋼琴與樂團對峙時，音域與樂想素材各行其是的錯綜複雜。第三樂章中板（Moderato）擔任了介於第二與第四樂章之間一段必要獨白。共僅有二十九小節，其中鋼琴獨奏就佔去十二小節，實現了「獨白」的功能，這段內省般的音樂也使得第四樂章朝氣蓬勃的快板（Allegro con brio）對觀眾不只是朝氣蓬勃（con brio），還是「耳」不暇給。在此我們聽到更多集結在鋼琴高音部急切快速的重複音，簡直像是棲息在樹梢上的一群吵雜的麻雀一般；這些吱吱喳喳的麻雀有些怪腔怪調地唱出稍縱即逝的熟悉旋律，像是在鋼琴獨奏樂段出現的變了形的貝多芬 G 大調迴旋曲《掉了一分錢大發雷霆》主題，或是其他令人想起鋼琴基本教材、徹爾尼練習曲這類樂曲，我們在樂章末甚至會聽到令人憶起卓別林電影配樂那種故作正經或故意湊熱鬧的鋼琴音樂。

這些原本無害的、古典的、或天真無邪的音樂在作曲家手下變得古怪滑稽，常常僅是因為被配上粗魯無禮的伴奏，或是將故意打散原本「合理發展」的旋律，使其在不同的音域間辛苦地跳上跳下，這不正是活脫脫卡通片裡的辛苦又認真地唱卻唱得五音不全的驢子嗎？

難道蕭斯塔柯維契寫不出好聽的音樂？

非也。

驢子叫在驢子的世界裡可一點也不古怪。

就像電影 Enemy at the Gates 中所描寫的，蘇聯重視個人乃是因為個人的特質與故事是最低成本的政宣工具，在這個紛亂的時代中，特殊的個人－如蕭斯塔柯維契－的命運就在實現理想、或為了求生的迷宮中，似亂又有序地推演。

▲普羅柯菲夫（左）、蕭斯塔柯維契（中）與哈察都量（右）的合照

Prokofiev Work List

生命、時代與作品—普羅柯菲夫

製表—劉世玥

1891 年 4 月 23 日—**普羅柯菲夫出生**

1909 — F 小調第一號鋼琴奏鳴曲，Op. 1；四首練習曲，Op. 2；兩首詩：1. 天鵝 2. 波浪，Op. 7

1910 — 交響的繪畫《夢》，Op. 6；秋之素描，Op. 8

1911 — 四首小品：1. 童話 2. 玩笑 3. 進行曲 4. 幻影，Op. 3

1912 年—**第一次巴爾幹戰爭**

四首小品：1. 回憶 2. 衝動 3. 絕望 4. 魔鬼的啟示，Op. 4；降 D 大調第一號鋼琴協奏曲，Op. 10；

D 小調第二號鋼琴奏鳴曲，Op. 14；觸技曲，Op. 11；C 小調敘事曲（為大提琴與鋼琴），Op. 15

1913 — 馬格達雷納（未完），Op. 13；G 小調第二號鋼琴協奏曲，Op. 16；十首小品：1. 進行曲 2. 嘉禾舞曲 3. 黎高冬舞曲

4. 馬厝卡舞曲 5. 奇想曲 6. 傳說曲 7. 前奏曲 8. 阿勒曼舞曲 9. 幽默的詼諧曲 10. 詼諧曲，Op. 121

1914 年—**第一次世界大戰**

小交響曲 A 大調（第二稿），Op. 5；諷刺，Op. 17

1915 — 塞西亞組曲，Op. 20；小丑的故事，Op. 21

1917 年—**俄國十月革命**

D 大調第一號小提琴協奏曲，Op. 19；瞬間的幻影，Op. 22；賭徒，Op. 24；D 大調第一號交響曲《古典》，Op. 25；

C 大調第三號鋼琴協奏曲，Op. 26；A 小調第三號鋼琴奏鳴曲，Op. 28；C 小調第四號鋼琴奏鳴曲，Op. 29

1918 年—**第一次世界大戰結束**

清唱劇《七巨人》，Op. 30；老祖母的話，Op. 31；四首小品：1. 舞曲 2. 小步舞曲 3. 嘉禾舞曲 4. 圓舞曲，Op. 32

1919 年—**簽訂凡爾賽條約**

三橘之戀，Op. 33；希伯來主題序曲，Op. 34

1921 — 降 B 大調第四號鋼琴協奏曲《左手》，Op. 53

1923 — G 小調第二號鋼琴協奏曲（改訂），Op. 16；火天使，Op. 37；C 大調第五號鋼琴奏鳴曲，Op. 38

1924 — 三橘之戀（交響組曲），Op. 33；G 小調五重奏曲，Op. 39；D 小調第二號交響曲，Op. 40

1925 — 五首曲調，Op. 35；D 小調第二號交響曲（改訂），Op. 40；鋼鐵步伐，Op. 41
1926 — 美國序曲，Op. 42
1928 — 賭徒（改訂），Op. 24；美國序曲（樂隊版本），Op. 42；c 小調第三號交響曲，Op. 44；事物本體，Op. 45

1929 年— 世界經濟大恐慌開始
　　　　嬉遊曲，Op. 43；浪子，Op. 46；小交響曲 A 大調（第三稿），Op. 48
1930 — C 大調第四號交響曲，Op. 47；降 B 小調第一號弦樂四重奏，Op. 50
1931 — 自歌劇《賭徒》的四個描寫與終結，Op. 49；在聶伯河岸，Op. 51；六首小品，Op. 52
1932 — G 大調第五號鋼琴協奏曲，Op. 55；C 大調雙小提琴奏鳴曲，Op. 56；兩首小奏鳴曲：1.e 小調 2.G 大調，Op. 54

1933 年—羅斯福推行新政，日德退出國際聯盟
　　　　清唱劇《七巨人》（改訂），Op. 30；交響之歌，Op. 57；基傑中尉，Op. 60
1934 — 秋之素描（改訂），Op. 8；e 小調第一號大提琴協奏曲，Op. 58；基傑中尉（交響組曲），Op. 60；思考，Op. 62
1935 — G 小調第二號小提琴協奏曲，Op. 63；羅密歐與茱麗葉（芭雷組曲），Op. 64；兒童的音樂，Op. 65
1936 — 交響故事《彼得與狼》，Op. 67；俄羅斯序曲，Op. 72

1937 年—日本發動七七事變，第二次世界大戰爆發
　　　　四首進行曲：1. 全國運動進行曲 2. 抒情進行曲 3. 行軍進行曲 4. 騎兵進行曲，Op. 69；俄羅斯序曲（改訂），Op. 72；
　　　　十月革命 20 周年清唱劇，Op. 74；十首小品取自《羅密歐與茱麗葉》，Op. 75
1938 — 亞歷山大．涅夫斯基（電影音樂），Op. 78
1939 — 亞歷山大．涅夫斯基（清唱劇），Op. 78
1940 — 賽門 ． 卡特可，Op. 81；A 大調第六號鋼琴奏鳴曲，Op. 82

1941 年—日本偷襲珍珠港
　　　　修道院中的婚約，Op. 86；F 大調第二弦樂四重奏，Op. 92

1942 —　降 B 大調第七號鋼琴奏鳴曲，Op. 83；三首小品取自《灰姑娘》，Op. 95；
　　　　三首小品：1. 圓舞曲 2. 方舞 3. 梅非斯特圓舞曲，Op.96
1943 —　歌劇《戰爭與和平》，Op. 91；《無名少年的敘事曲》（清唱劇），Op. 93；D 大調長笛奏鳴曲，Op. 94；
　　　　十首小品取自《灰姑娘》，Op. 97

1944 年—**開羅會議**
　　　　三首小品：1. 漫步 2. 風景 3. 田園風小奏鳴曲，Op. 59；降 B 大調第八號鋼琴奏鳴曲，Op. 84；
　　　　 D 大調第二號小提琴奏鳴曲（改編自 D 大調長笛奏鳴曲，Op. 94），Op. 94；降 B 大調進行曲，Op. 99；
　　　　降 B 大調第五號交響曲，Op. 100；六首小品取自《灰姑娘》，Op. 102

1945 年—**第二次世界大戰結束**
　　　　終戰頌歌，Op. 105；伊凡雷神（電影配樂），Op. 116
1946 —　F 小調第一號小提琴奏鳴曲，Op. 80；辛德蕾拉（芭蕾音樂），Op. 87；華爾滋組曲，Op. 110；
　　　　辛德蕾拉（芭蕾組曲），Op. 107、108；降 E 大調第六號交響曲，Op. 111
1947 —　C 大調第九號鋼琴奏鳴曲，Op. 103；C 大調第四號交響曲（改訂），Op. 112；
　　　　三十年（慶典詩曲），Op. 113；榮盛、強大的國土（清唱劇），Op. 114；D 大調無伴奏小提琴奏鳴曲，Op. 115
1948 —　歌劇《真人的故事》，Op. 117
1949 —　C 大調大提琴與鋼琴奏鳴曲，Op. 119；普希金圓舞曲：1.F 大調 2. 升 C 小調，Op. 120

1950 年—**韓戰爆發**
　　　　和平的防護（神劇），Op. 124；石花的故事（芭蕾音樂），Op. 118；冬天的爐火，Op. 122
1951 —　婚禮組曲，Op. 126；窩瓦河與頓河的交會，Op. 130
1952 —　E 小調第二號大提琴協奏曲，Op. 125；升 C 小調第七號交響曲，Op. 131；
　　　　C 大調第五號鋼琴奏鳴曲（改訂），Op.135

1953 年—**韓戰結束，普羅柯菲夫歿 (3 月 5 日)**

Mozart Piano Work List

生命、時代與作品—莫札特

製表—劉世玥

1756 年— **莫札特生，七年戰爭**

1765 — C 大調鋼琴奏鳴曲（四手聯彈），K. 19d

1766 — 依葛拉夫荷蘭文歌曲〈我們勝利〉的八段變奏曲，K. 24；依納沙荷蘭歌曲的七段變奏曲 K. 25 七首鋼琴變奏四，K. 25

1767 — F 大調第一號鋼琴協奏曲，KV. 37；降 B 大調第 2 號鋼琴協奏曲，KV. 39；D 大調第三號鋼琴協奏曲，KV. 40；
G 大調第 4 號鋼琴協奏曲，KV. 41；G 大調第七 a 號交響曲 K. 45a；F 大調第 6 號交響曲 K. 43；
歌劇《阿波羅與風信子》，K. 38

1768 — D 大調第 7 號交響曲，K.45；D 大調第 8 號交響曲，K. 48；歌劇《巴斯汀與巴斯汀妮》，K. 50；《假傻大姐》，K. 51；
降 B 大調交響曲，K. 214

1769 年—**英人瓦特改良蒸汽機成功 1770**

1770 — C 大調第九號交響曲，K. 73；《龐托王米特利達特》，K. 87；D 大調第四十五號交響曲，K. 95/K. 73n

1771 — G 大調第十二號交響曲，K. 110/K. 75b；《阿斯卡尼歐在阿爾巴》K. 111；《史奇比歐之夢》，K. 126

1772 — 三首 J.C. 巴哈的編曲：1. D 大調協奏曲，KV. 107-1 2. G 大調協奏曲，KV. 107-23. 降 E 大調協奏曲，KV. 107-3；
F 大調嬉遊曲，第一樂章，K. 138；F 大調第十八號交響曲，K. 130；降 E 大調第十九號交響曲，K. 132；
D 大調第二十號交響曲，K. 133；D 大調第四十八號交響曲 K. 111/K. 120；歌劇《露奇歐 · 席拉》，K. 135；
D 大調奏鳴曲（四手聯彈），K. 381

1773 — D 大調第五號鋼琴協奏曲，KV. 175；六首鋼琴變奏曲，K. 180

1774 — D 大調第五十號交響曲，K. 161/K. 163；十二首鋼琴變奏曲，K. 179；C 大調第一號鋼琴奏鳴曲，K. 279；
降 B 大調鋼琴奏鳴曲（四手聯彈），K. 358

1775 年—**美國獨立戰爭**

大調第二號鋼琴奏鳴曲，K. 280；降 B 大調第三號鋼琴奏鳴曲，K. 281；降 E 大調第四號鋼琴奏鳴曲，K. 282；
G 大調第五號鋼琴奏鳴曲，K. 283；D 大調第六號鋼琴奏鳴曲，K. 284；C 大調第四十六號交響曲，K. 96/K. 111b；
D 大調第五十一號交響曲 K. 196/K. 121；歌劇《牧羊人之王》，K. 208；《假女園丁》，K. 196

1776 — 降 B 大調第六號鋼琴協奏曲，KV. 238；F 大調第七號三鋼琴協奏曲，KV. 242；C 大調第八號鋼琴協奏曲，KV. 246；
降 B 大調鋼琴三重奏，K. 254；嬉遊曲 Divertimento，KV. 287

1777 —— C 大調第五十二號交響曲 K. 208；降 E 大調第九號鋼琴協奏曲，KV. 271；C 大調第七號鋼琴奏鳴曲，K. 309；
D 大調第九號鋼琴奏鳴曲，K. 311；降 E 大調第十號雙鋼琴協奏曲，KV. 365

1778 —— 歌劇《茱莉》中小抒情調〈入眠的李頌〉的九段變奏曲，K. 264；C 大調第十七號小提琴奏鳴曲，K. 296；
D 大調第三十一號交響曲，K. 297；默劇《芝麻小事》（芭蕾音樂），KV. 299b；
降 E 大調第十九號小提琴奏鳴曲，K. 302；G 大調第 18 號小提琴奏鳴曲，K. 301；
C 大調第二十號小提琴奏鳴曲，K. 303；A 大調第二十二號小提琴奏鳴曲，K. 305；
D 大調第二十三號小提琴奏鳴曲，K. 306；A 小調第八號鋼琴奏鳴曲，K. 310；A 大調第十一號鋼琴奏鳴曲，K. 331；
降 E 大調依波馬歇 Beaumarchais 歌劇《塞維亞理髮師》中浪漫曲〈我是林多〉的十二段變奏曲，K. 354

1780 —— 歌劇《查德》，K. 344；《埃及王湯瑪士》，K. 345

1781 —— 依法國歌曲〈媽媽聽我說〉的 12 段變奏曲，K. 265；
F 大調依葛雷崔 A.E. Gretry 歌劇《桑尼泰的婚禮》中合唱曲〈至愛天主〉的八段變奏曲，K. 352；
依法國歌曲〈美麗的法蘭索瓦斯〉的 12 段奏鳴曲，K. 353；
《牧羊女賽利梅妮》，G 大調鋼琴與小提琴變奏曲，K. 359；G 小調鋼琴與小提琴變奏曲，K. 360；
《伊德梅尼歐》，K. 366；降 B 大調第二十六號小提琴奏鳴 K. 378，G 大調第二十七號小提琴奏鳴曲，K. 379；
C 大調雙鋼琴奏鳴曲，作品 K. 545；D 大調雙鋼琴奏鳴曲，K. 448

1782 —— C 小調幻想曲，K. 396；歌劇《後宮誘逃》，K. 384；D 大調為鋼琴與管弦樂的輪旋曲，KV. 382；
D 大調第三十五號交響曲，K. 385；A 大調為鋼琴與管弦樂的輪旋曲，KV. 386；A 大調第十二號鋼琴協奏曲，KV. 414

1783 年—— 美國獨立戰爭結束，英承認美國獨立
降 B 大調第十三號鋼琴奏鳴曲，K. 333；依派賽羅歌劇《哲學家氣質》之〈信主有福〉的六段變奏曲，K. 398；
F 大調第十一號鋼琴協奏曲，KV. 413；C 大調第 13 號鋼琴協奏曲，KV. 415；C 大調第三十六號交響曲，K. 425

1784 —— C 大調第十號鋼琴奏鳴曲，K. 330；F 大調第十二號鋼琴奏鳴曲，K. 332；降 E 大調第十四號鋼琴協奏曲，KV. 449；
降 B 大調第十五號鋼琴協奏曲，KV. 450；D 大調第十六號鋼琴協奏曲，KV. 451；
降 E 大調鋼琴與木管五重奏，K. 452、G 大調第十七號鋼琴協奏曲，KV. 453；
降 B 大調第三十二號小提琴奏鳴曲，K. 454；
依葛路克歌劇《麥加的朝聖》之〈愚民的想法〉的十段變奏曲，K. 455；降 B 大調第 18 號鋼琴協奏曲，KV. 456；
C 小調第十四號鋼琴奏鳴曲，K. 457；F 大調第十九號鋼琴協奏曲，KV. 459

1785 — D 小調第二十號鋼琴協奏曲，KV. 466；c 小調幻想曲，K. 475；G 小調第一號鋼琴四重奏，K. 478；
C 大調第 21 號鋼琴協奏曲，KV. 467；降 E 大調第三十三號小提琴奏鳴曲，K. 481；
降 E 大調第二十二號鋼琴協奏曲，KV. 482

1786 — C 小調雙鋼琴賦格曲，K. 426；D 大調輪旋曲，K. 485；《劇院經理》，K. 486；
A 大調第二十三號鋼琴協奏曲，KV. 488；C 小調第二十四號鋼琴協奏曲，KV. 491；《費加洛婚禮》，K. 492；
G 大調鋼琴三重奏，K. 496、降 E 大調第二號鋼琴四重奏，K. 493；F 大調輪旋曲，K. 494；
F 大調鋼琴奏鳴曲 (四手聯彈)，K. 497；稍快板主題的十二段變奏曲，K. 500；降 E 大調第四號鋼琴三重奏，K. 498；
降 B 大調鋼琴三重奏，K. 502；C 大調第二十五號鋼琴協奏曲，KV503；D 大調第三十八號交響曲，K. 504；
D 大調第二十六號鋼琴協奏曲〈加冕〉，KV. 537

1787 — D 小調幻想曲，K. 397；A 小調輪旋曲，K. 511；C 大調鋼琴奏鳴曲 (四手聯彈)，K. 521；唐 · 喬望尼，K. 527；
G 小調第四號弦樂五重奏，K. 516；A 大調第三十五號小提琴奏鳴曲，K. 562

1788 — F 大調快板與行板鋼琴奏鳴曲，K. 533；C 大調第十五號鋼琴奏鳴曲，K. 545；F 大調鋼琴奏鳴曲，K.Anh. 135/K. 547；
稍快板主題的六段變奏曲，K. 54；E 大調鋼琴三重奏，K. 542；C 大調鋼琴三重奏，K. 548；
G 大調鋼琴三重奏，K. 564；降 E 大調第三十九號交響曲 K. 543；F 大調第三十六號小提琴奏鳴曲，K. 547；
G 小調第四十號交響曲 K. 550；C 大調第四十一號交響曲 K. 551

1789 年—**巴士底監獄被攻陷，法國大革命爆發**
降 B 大調第十六號鋼琴奏鳴曲，K. 570；D 大調第十七號鋼琴奏鳴曲，K. 576；
依杜波爾的小步舞曲的九段變奏曲，K. 573；A 大調豎笛五重奏，K. 581

1790 — 《女人皆如此》，K. 588

1791 年—**莫札特歿**
依夏克〈女人至上〉的 F 大調八段變奏曲，K. 613；C 大調第 3 號弦樂五重奏，K. 515；
降 B 大調第 27 號鋼琴協奏曲，K. 595；《迪托王的仁慈》，K. 621；《魔笛》，K. 620